Big Fish

Good Bye Lenin !

Pirates des Caraïbes

34

50

Sinbad

Les Fantômes du Titanic

Lucky Break

Max

Un Américain bien tranquille

Nos meilleures années

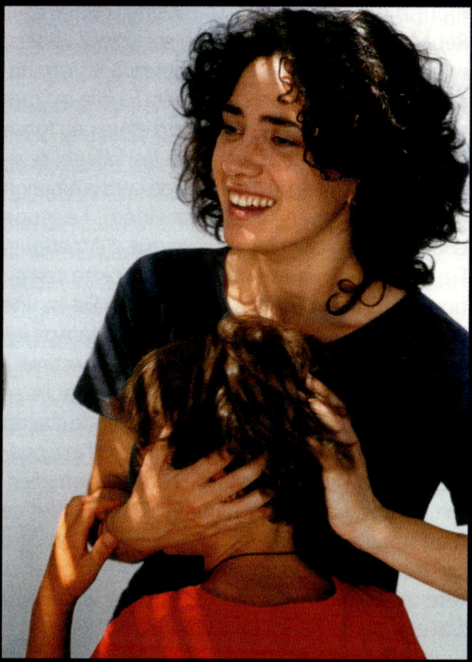

Master and Commander. De l'autre côté du monde

Deuxième trimestre

OCTOBRE

La Ligue des gentlemen extraordinaires

NOVEMBRE

Matrix Revolutions

DÉCEMBRE

Le Seigneur des anneaux : le retour du roi

66

Elephant

Gus Van Sant

Première puissance d'«Elephant», sa nationalité n'est pas un nationalisme. Il fait plutôt l'effet d'une plateforme de forage au milieu d'un désert océanique, hors de toutes eaux territoriales. Sous le blindage d'une société singulière (les États-Unis), par-delà le microcosme d'une journée vaseuse dans un lycée quelconque, Gus Van Sant creuse jusqu'à atteindre des strates immémoriales. De ce magma matriciel, c'est de l'énergie fossile qui jaillit. Il ne s'agit pas d'arracher les racines du mal mais d'en faire la généalogie. Ce qui serait déjà beaucoup pour un seul film si sa façon n'était pas philosophique. Plutôt que théoriser ce que l'on sait déjà (le massacre du lycée de Columbine, fait divers qui, en 1999, bouleversa les Américains), «Elephant» entreprend de savoir comment et jusqu'où il est possible de filmer l'impensable. En l'espèce, un carnage sans raison fomenté par deux adolescents imperceptibles, qui plus est dans une école civilisée autorisant toutes sortes d'activités d'éveil, y compris celles qui consistent à glander ou à débattre de n'importe quoi. Ce qui ne veut pas dire que Gus Van Sant gare son «Elephant» sur le parking des poids lourds. Le film ne dit pas que ces jeunes assassins sont monstrueux. Mais il ne les disculpe pas pour autant du côté des saints innocents. L'héroïsation n'est pas son fort. L'hystérie non plus. Il n'est pas indifférent cependant, avec cette sorte de détachement savant qui transformerait le film en laboratoire et les personnages en rats.

En quoi consiste la distance inventée par Gus Van Sant ? Avant de nous arriver, comme on dit d'un accident qu'il nous arrive, «Elephant» est un film qui est arrivé à Van Sant lui-même et l'a plongé dans l'état afférent : stupeur et tremblements. «Elephant» est un film qui souffre de la souffrance qu'il porte. Ce qui ne l'empêche pas de batailler sur le sens et la morale de cette catastrophe. Parce qu'il est intelligent, il nous suppose perspicaces et, de ce fait, ne néglige aucune explication. De sa boîte, tous les outils surgissent : la société dans son rôle coutumier de sorcière fautive et, à son bras, telle la reine de la nuit, la psychanalyse. Avant de tuer, les deux garçons s'embrassent sur la bouche et s'enlacent sous la douche. C'était donc ça ! Mais que reste-t-il quand ayant épuisé tous les marteaux pour enfoncer les mêmes clous, il n'y a plus que ça, justement ? Il reste la boîte, vide d'outils signifiants mais toujours aussi pleine de sens ténébreux.

Un éléphant, c'est vrai, ça trompe énormément. Voilà ce que le film découvre en se débarrassant de ses amulettes : qu'il n'y a ni au-delà (vérité ultime), ni en deçà (trésor sémantique enfoui), rien que du plein, de l'intimité. «Elephant» est un film qui, sans cesse, se rapporte à lui-même dans sa manière archéologique de procéder : se faufiler dans des couloirs, visiter tous les recoins, même les plus organiques. Découvrir sur le sol d'autres empreintes que les siennes et, sur les parois du film, dans le faisceau de la caméra, des fresques abstraites, des hiéroglyphes.

Autant de signes qui, d'ordinaire, nous arrêtent et nous plantent, et qui mettent le film en mouvement. Revenir sur ses pas, tourner en rond. Réaliser, infatigable, qu'au fond de chaque impasse le mur sonne creux. On perce. De l'autre côté, une nouvelle pièce, déserte. Et ainsi de suite jusqu'au massacre terminal, le cimetière, un tombeau, vide aussi. Gus Van Sant filme ce vagabondage comme une drague, au pied du désir, dans son affolement même. Un jeune homme bien dans sa peau de photographe amateur, une jeune fille mal dans sa graisse, un blondinet content de sa frange. Parfois ils ont un prénom, inscrit au tableau noir (John, Elias, Michelle, Alex, Eric...) et semblent ainsi gagner leurs galons de personnages. Pourtant, la typologie du film n'est pas celle des psychologies mais des signes extérieurs d'humanité ; le photographe est gentil, Blondinet est bon fils, les assassins se tiennent bien à table et Michelle est belle puisque Van Sant a la délicatesse de filmer cette grosse fille comme si elle était Marilyn Monroe. Le cinéma de Van Sant se permet ce que la vie autorise : s'intéresser au commun des mortels, scruter et aimer leurs singularités (un bracelet en fourchette recourbée, au poignet d'Elias, un bouton d'acné sur la joue d'Alex, le tee-shirt jaune de John), changer de désir à tout bout de plan, la moindre intersection. Au risque de se perdre lorsqu'au bord du cadre d'autres occasions surgissent sur un banc, à la volée, un homme découragé. «Elephant» n'est pourtant pas une filature. Pour preuve cet instant littéralement fantastique où l'un des deux tueurs, censément traqué par le film, se masse soudain la nuque comme si le moustique de la caméra venait de le piquer. De fait, synchrone avec cet agacement, la caméra s'écrase et laisse la silhouette du jeune homme dans le flou. Ce qui est sidérant dans ces exercices de contemplation, c'est que les mouvements de l'image sont ceux de la pensée : sur ces histoires emmêlées, les géométries s'entrecroisent (un cercle en dents de scie) et toutes sortes de géographies se superposent. Vu d'avion, le plan du film est un plat de spaghettis, mais le nez dans l'assiette, c'est du vomi. Cette multiplication des points de vue indique non seulement que, sur une pareille «affaire», il n'y a pas de point de vue dominant, mais que chaque point de vue ouvre sur son contraire contrariant, la folie sur la raison, le crime sur la loi. Mais le sens ? Accident de la circulation sur la terre, carambolage de nuages dans le ciel. Coups de feu au réfectoire, coup de tonnerre dans l'azur. C'est le même univers. Un univers en écho dont le criminel comme la victime, suspendant un instant leur déambulation fantomatique semblent parfois humer la rumeur. Un monde où il peut arriver qu'un éléphant, subjuguant les lois de la pesanteur, se mette à voler.

Gérard Lefort
Libération

La caméra suit des adolescents ordinaires, plutôt jeunes et beaux, et les file comme on file des suspects. Caméra furtive, bribes de dialogues… Y a-t-il un mystère à découvrir ? On va et vient avec quelques adolescents, de leur domicile aux couloirs du lycée, du cours de sport à la bibliothèque. Et on revoit les mêmes moments sous dans angles différents. Découpage inutile ? La répétition n'aide pas à comprendre, mais à percevoir le poids des habitudes : ici, celle d'étouffer, de taire, d'écarter tout ce qui pourrait gêner la (bonne) marche de ces individus. Donc la bonne marche de cette microsociété qu'est le lycée. Et, au-delà, l'Amérique ? On doit se plaire, être sportif, être beau, être un élément positif d'un tout admirable. Ces déambulations prennent vite l'apparence d'un étrange ballet, que l'on trouvera trop sophistiqué, trop poseur pour ne pas se lasser de son jeu métaphorique. À moins que l'on ne se laisse porter par sa sensualité, qui se veut hypnotique. Car il y a évidemment la grâce des corps adolescents que la caméra se force à saisir dans un désir mimétique…

Philippe Piazzo
Aden

«Elephant» est un film «énorme». Pas seulement à cause de son titre ou de son sujet, mais par sa façon de présenter le déroulement d'une journée ordinaire et pourtant atrocement particulière dans un lycée américain qui pourrait s'appeler «Columbine»; retour sur une tuerie qui avait fait 15 morts, le 20 avril 1999. La caméra de Gus Van Sant, légèrement surélevée, suit un adolescent de dos, puis un autre, glisse d'un corps à l'autre, en longs plans séquences qui s'enchevêtrent, se recoupent, se répètent sous des angles différents. L'horreur finira par surgir d'un angle mort ; on le sent, on le sait.
En attendant, le montage du film défie la chronologie, brouille le fil des événements tout en les parsemant d'indices sur les motivations éventuelles du passage à l'acte de tel ou tel élève. Ange blond dont le père est alcoolique, tête de turc relégué au fond de la classe, binoclarde boulotte recluse en bibliothèque, jolies nymphettes qui se font vomir aux toilettes, gamins s'esclaffant à la vue d'un défilé nazi à la télé : «C'est quoi, ces dingues ?» Autant de fausses pistes qu'il serait vain d'utiliser pour essayer d'expliquer l'inexplicable, de justifier l'inqualifiable. La démarche de Gus Van Sant est l'exact opposé de celle de Michael Moore dans «Bowling for Columbine». L'énormité de l'événement contraste avec l'économie des moyens déployés ; les rares dialogues ont été improvisés par les lycéens, tous acteurs non professionnels. Cette sincérité mêlée de candeur achève d'anéantir toute certitude, laissant le spectateur d'autant plus désemparé qu'il se retrouve sans repères ni préjugés face à une aussi terrifiante réalité.

Stéphane Leblanc
20 Minutes

Contrairement au film documentaire de Michael Moore «Bowling for Columbine», parlant du même fait divers sur un ton provocateur et polémique, Gus Van Sant choisit la voie du sensoriel, du non-dit, de l'abstraction. Des reprises de la même scène, vue sous des angles différents, produisent des effets de répétition, de décalages temporels. La matière sonore est travaillée jusqu'à l'épure. Tous ces dispositifs éloignent d'un «réalisme» réducteur. Le cinéaste concentre un point de vue neutre, indiciel sur les traces d'un évènement tragique. Ce choix laisse le champ libre aux interprétations, à la subjectivité du spectateur. L'indicible ne se montre pas. Au fil des couloirs et des salles de classe, les ados avancent de dos.
Dans cet univers, le film construit une architecture de l'intrigue, du récit convergeant vers un seul point d'attraction dont on ne verra jamais le centre. Rien n'est révélé, pas de vérités, d'engrenages irrépressibles de la violence sociale. Le cinéaste renvoie dos à dos les enjeux «sociétaux» pour mieux flirter tout en douceur avec l'indicible frontière. Énorme !

Serge Hulpusch
L'Écho de la Haute Vienne

Si «Elephant» fut surdécoré à Cannes par le jury Chéreau (adepte du doublon), Palme d'or et Prix de la Mise en scène (fougueux exemple de pléonasme), il n'en méritait pas moins une distinction. D'abord celle du remake, car «Elephant» est cadet d'un autre «Elephant» (1989) tourné par Alan Clarke, en Ulster. Ensuite, celle de la narration. Qui prend toute sa force dans le refus de l'explication et dans la manière méticuleuse avec laquelle Gus Van Sant regarde ces jeunes gens : le photographe, le blondinet, la fille moche, les trois gourdes qui vomissent leur cuillerée de brocolis dès qu'elles sortent de la cafétéria, le sportif et sa petite amie. Et les deux tueurs qui commandent par Internet des fusils d'assaut livrés par Federal Express.
Plus ce qui rythme le film : l'abondance des couloirs dans un lycée. On y déambule autant qu'on y apprend. Où Moore démontrait, Van Sant montre. Pourtant, sur la peau lisse de ce film, quelques points d'acné. Les adultes ? Réduits à un proviseur stupide, un père alcoolique, une mère obèse et peu douée pour les pancakes. Pis, les deux gamins tueurs regardent une émission télé sur Hitler avant de s'embrasser sur la bouche sous la douche. Le nazisme dénature le film en ouvrant une piste déviante à la tuerie comme au baiser. Les deux garçons s'embrassent simplement parce que personne ne les a jamais embrassés…

Jean-Pierre Dufreigne
L'Express

On se souvient qu'il y a quelques années, Gus Van Sant avait réalisé un remake exhaustif (plans, durée, focales, angle) de «Psycho» d'Hitchcock. En proposant la copie conforme d'un chef-d'œuvre, le cinéaste cherchait à savoir si le génie hitchcockien résidait dans la matière filmique. C'est une démarche similaire qui l'amène à parcourir les couloirs de la mort en devenir. Confronter la véracité pour voir si la réalité y est présente.
Elle y est prégnante. Parce que la caméra n'est jamais subjective (cela aurait donné l'impression d'un jeu vidéo à la «Doom like») sauf lorsqu'elle quitte le campus le temps d'un flash-back pour nous montrer les futurs criminels. Gus Van Sant délaisse alors son parti pris pour presque exposer sinon les mobiles du moins l'environnement des futurs assassins. C'est peut-être en montrer trop – et le seul moment un peu faible du film. Les tueurs victimes collatérales d'un mode de vie ? On reste dubitatif devant la démonstration un peu trop appuyée alors que quelques instants plus tard on oublie tout : devant son casier de vestiaire, la petite boulotte mal dans sa peau vient de finir son cours de gym. Elle se retourne. Hors champ on entend le claquement sec d'une arme que l'on charge. En un seul son, «Elephant» nous glace les os comme rarement le cinéma aura osé le faire.

Claude Martino
La Marseillaise

Ken Park

Janis et John

KEN PARK

LARRY CLARK ET ED LACHMAN

Lycéen comme les autres, Ken Park (Adam Chubbuck) s'est suicidé d'une balle dans la tête. Ouverture choc pour ce film qui, à partir de là, met en scène la vie quotidienne des camarades de Ken, dans leur petite ville de Californie. Shawn (James Bullard) est sans cesse humilié par son beau-père, une brute avinée. Claude (Stephan Jasso) est l'amant de la mère de sa petite amie. Peaches (Tiffany Limos) vit sous la coupe de son père, puritain fanatique. Quant à Tate (James Ransone), il tyrannise ses grands-parents... Obsessions sexuelles, refoulement, onanisme mêlé à l'instinct de meurtre, c'est un panorama obstinément glauque que propose Larry Clark, en l'occurrence ce genre d'étalage est trop systématique pour ne pas être l'œuvre précisément d'un puritain de la plus belle eau. Reste la féerique scène d'amour finale entre les trois ados survivants.

MON VOYAGE D'HIVER

VINCENT DIEUTRE

Un homme (Vincent Dieutre) et son jeune neveu (Itvan Kebadian) traversent en voiture une Allemagne hivernale. C'est l'occasion pour le narrateur de revoir ses anciens amants, de reprendre ou de conclure des histoires d'amour interrompues et de revenir sur sa passion pour la patrie de Goethe. Une sorte de pèlerinage païen et sexuel, où affleurent les thèmes du témoignage, de la transmission et, surtout, de la mort. Persévérant dans le principe du journal intime filmé, l'auteur des «Leçons de Ténèbres», accentue encore la référence musicale en accompagnant ce voyage à travers la Bavière d'une partition en grande partie empruntée à Schubert. Omniprésente et mélancolique, elle souligne de longs et envoûtants plans séquences sur les routes enneigées. Même s'il n'échappe pas toujours à l'affectation, ce film, renouant avec un romantisme sombre, reste poignant de bout en bout.

JANIS ET JOHN

SAMUEL BENCHETRIT

La disparition tragique de Marie Trintignant modifie forcément notre regard sur le dernier film de cinéma qu'elle ait tourné. Mais, en tout état de cause, le premier long métrage de Samuel Benchetrit est une œuvre plaisante. Cette comédie acidulée met en scène un agent d'assurances (Sergi Lopez) qui met du beurre dans ses épinards : un de ses clients (Jean-Louis Trintignant) ne sortant jamais du garage sa voiture de collection, il fait main basse sur les primes ! Mais l'imprévu survient et, bien sûr, c'est l'accident. Comment rembourser ? Son cousin (Christophe Lambert) vient d'hériter. Complètement azimuté, il est persuadé que les fantômes de John Lennon et Janis Joplin lui apparaissent. Il suffit de demander à son épouse farfelue et à un acteur au chômage de jouer les rôles de Janis et John... Marie Trintignant et François Cluzet sont époustouflants dans leur numéro d'imitateurs qui se prennent au jeu et finissent par se prendre pour les vrais ! Et on se dit alors que «Janis et John» a suffisamment de qualités pour n'avoir nul besoin d'une indulgence d'exception.

LA DÉLATION SOUS L'OCCUPATION

ANDRÉ HALIMI

Avec ce nouveau documentaire, le réalisateur de «Chantons sous l'occupation» revient sur ce qu'il convient, hélas, de considérer comme un sport national et qui connut ses grandes heures durant la seconde guerre mondiale puis au cours de l'épuration : l'envoi de lettres anonymes. Cet indispensable et sobre devoir de mémoire replace dans leur contexte historique, politique et social – qui les écrivait et dans quel but ? – quelque trois millions de missives fielleuses.

AMOURS TROUBLES

MARTIN BREST

Un tueur au machisme très caricatural (Ben Affleck) croise la route d'une consœur, flamboyante lesbienne (Jennifer Lopez). Tous deux refusent d'abattre un adolescent, retardé mais attachant, et doivent par conséquent échapper au parrain dont ils ont trahi la confiance. Combien de temps l'héroïne réussira-t-elle à repousser les assauts virils du héros ?

INTOLÉRABLE CRUAUTÉ

JOEL COEN

Une comédie qui a tout pour être antipathique, ne présentant que des personnages avides, vénaux et manipulateurs, obsédés par l'argent, occupés exclusivement à se tendre des guets-apens, ayant autant de sensibilité apparente que des méduses, et encore. Pourtant, non. Par la grâce d'une mise en scène affûtée, heureuse, par l'apport de personnages secondaires savoureux (Geoffrey Rush, Billy Bob Thornton), par l'entrain et la beauté de ses deux protagonistes, «Intolérable cruauté» est un délice, léger et piquant, un irréprochable divertissement. Miles Massey est un requin du barreau, le plus joli, le plus élégant, le plus fier de l'efficacité et de la blancheur de ses dents qui soit. Sa spécialité ? Un contrat de mariage si tordu et si malin qu'il lui a donné son nom, un contrat qui, s'il n'est pas le garant d'une union paisible l'est en tout cas d'un divorce nanti. Miles Massey est le nouveau cadeau (après le rôle du séduisant bagnard de «O'Brother») des frères Coen à un George Clooney euphorique, endossant sans barguigner son costume bien coupé d'héritier désigné de Cary Grant. Face à lui, toutes griffes dehors, Catherine Zeta-Jones est Marilyn, superbe panthère noire

Intolérable cruauté

moulée dans un fourreau rouge. Ces deux-là sont faits pour se dévorer, ils se dévorent. L'un toujours plaidant, l'autre toujours plaignante, tour à tour chasseur et gibier, prédateur (trice) et proie, ils n'en finissent pas de se trahir, de se haïr, de se détruire. Et plus ils se détestent, plus on se surprend à désirer qu'ils s'aiment, c'est la rançon délicieuse que l'on est prêt à payer à l'intolérable habileté des frères Coen, semant avec délectation les petits cailloux noirs de leur humour tout au long du chemin trop rose de la vieille comédie romantique.

LES CONTES DE L'HORLOGE MAGIQUE
LADISLAS STAREWITCH

L'un des maîtres du cinéma d'animation. Venu à Paris de sa Pologne natale en 1920, Starewitch est célèbre pour sa version du «Roman de Renart», réalisée dix ans plus tard. Terry Gilliam et Tim Burton le citent souvent parmi leurs films préférés. «Les Contes de l'horloge magique» réunit trois courts métrages : «La Petite Chanteuse des rues» (1924), «La Petite Parade» (1928), «L'Horloge magique» (1928). Le premier, mélange de prises de vue réelles et d'animation, raconte l'histoire d'une gamine – Nina Star, fille cadette du réalisateur – qui sauve sa mère des griffes d'un usurier avec l'aide d'un singe farceur. Le deuxième est l'adaptation du «Petit soldat de plomb» d'Andersen. Dans le troisième, une princesse, poursuivie par un dragon, est courtisée par deux chevaliers... Starewitch passe du noir et blanc à de douces couleurs pastel, c'est un poète délicat et un artiste inventif. Un animateur contemporain (Jean Rubak) a dessiné des intermèdes entre les trois courts, Rufus les a commentés. Et Jean-Marie Sénia leur a composé une musique superbe.

Nada +

NADA +
JUAN CARLOS CREMATA MALBERTI

De nos jours, à Cuba, Carla (Thaïs Valdes), une jeune postière, trompe son ennui en réécrivant les lettres qu'elle est censée distribuer. Ce faisant, elle insuffle un peu de joie et d'espérance dans l'existence de ses semblables. Jusqu'au jour où le destin la somme de choisir entre son propre bonheur et celui des autres. Un doigt de cocasserie, un soupçon de grotesque et une caméra s'essayant à quelques effets de styles inégaux... Cette fable un peu maladroite emprunte à divers genres sans parvenir vraiment à trouver son style.

BYE BYE AFRICA
MAHAMAT-SALEH HAROUN

Entre documentaire et journal intime, «Bye Bye Africa» est le premier film du metteur en scène d'«Abouna» (voir *L'Année du Cinéma 2003*). Venu de France pour l'enterrement de sa mère, le cinéaste jette un regard consterné sur l'état du cinéma tchadien, attestant de l'irréversible déclin d'un art autrefois populaire, désormais chassé par la guerre. Un constat douloureux et mélancolique pour un long métrage sincère mais précaire.

FORGET BAGHDAD – JUIFS ET ARABES
SAMIR

Chassés de leur pays d'origine, l'Irak, ces juifs communistes s'exilent en Israël où ils sont également indésirables : les quatre hommes dont ce documentaire dresse le portait sont d'éternels apatrides. À partir de ces destins douloureux, écartelés entre convictions politiques, croyances religieuses et appartenance culturelle, le réalisateur, mixant témoignages et images d'archives, fait le point sur l'état des conflits au Moyen-Orient. Dommage que le traitement anecdotique atténue la force du propos.

Frères du désert

FRÈRES DU DÉSERT
SHEKHAR KAPUR

Nous sommes dans la deuxième moitié du XIXe siècle lors des guerres coloniales menées en Afrique par l'Empire britannique. Un jeune soldat valeureux (Heath Ledger) quitte l'armée du jour au lendemain, ce que ses amis et sa fiancée (Kate Hudson) prennent pour de la lâcheté pure et simple. Mais nous verrons que tout est plus compliqué... C'est un peu longuet (2 h 11 !) et pas très fin, mais il y a des décors exotiques et de bien beaux acteurs dans de bien beaux costumes. Remake de «Quatre plumes blanches» déjà tourné à trois reprises, notamment en 1939 par Zoltan Korda.

78 APRÈS VOUS...
PIERRE SALVADORI

«Un égoïste est quelqu'un qui ne pense pas à moi !», écrivait Tristan Bernard. Antoine est chef de rang dans une grande brasserie. Prendre soin des autres, de leur bien être et de leur confort, c'est son métier. Il en oublie qui il est et qui il aime. Un soir, il sauve un dépressif qui tentait de se suicider, Louis (José Garcia). À partir de là, en s'occupant de Louis, et sans le faire exprès, c'est de lui-même qu'il va s'occuper, notamment en approchant une jolie fleuriste (Sandrine Kiberlain)... L'altruiste est peut-être un égoïste qui s'ignore... Et réciproquement ! Des comédiens exceptionnels pour une comédie gracieuse et décalée, comme Salvadori («Les Amateurs», «Comme elle respire...») sait en concocter. Très drôle et joliment profond.

Après vous...

LE RETOUR
ALEXANDRE ZVIAGUINTSEV

Absent depuis dix ans, le père (Konstantin Lavrenko) arrive sans crier gare. Quelques jours plus tard, il part avec ses deux fils pour une mystérieuse expédition. Ivan, l'aîné, (Ivan Dobronravov, décédé à la fin du tournage) est prêt à pactiser avec cet homme taciturne et brutal. Andreï, le cadet, (Vladimir Garine) refuse son autorité. Après une partie de pêche, l'homme et les ados abordent sur une île. Le père, qui a dissimulé une curieuse boîte dans la barque, y trouvera la mort... «Tout le monde me suppliait d'ouvrir cette boîte afin que le spectateur sache ce qu'elle contenait, dit le réalisateur, et moi, je savais instinctivement qu'il fallait préserver le secret. C'est sa part d'ombre, sa part d'âme que le père cache.» Dans un cinéma russe dévasté, «Le Retour» a été célébré comme l'amorce d'une renaissance. Y compris à Venise où le film a raflé le Lion d'Or. Récompense presque encombrante pour ce film à la beauté froide, un rien esthétisante, que transfigurent, par moments, des scènes inoubliables : l'arrivée du trio dans une petite ville déserte. Et la mort de ce père dont la barque s'enfonce lentement dans les eaux...

Le Retour

MÊME DIEU EST VENU NOUS VOIR
PETER POPZLATEV

Kesten, un petit village perdu près dès frontières bulgare, grecque et turque. Kesten, ou ce qu'il en reste... Un sociologue français (Philippe Volter) vient faire le bilan, qui n'est pas triste – mais pas gai non plus. Le deuxième film du réalisateur bulgare du remarqué «Moi, la comtesse» est une fable assaisonnée à l'humour balkanique : l'absurde pointe son nez à tout bout de plan. Pourtant, rien ne prend jamais, ni la farce, ni le constat sociopolitique. Ne restent que les gesticulations des comédiens et un goût amer. On aurait tant voulu aimer ce film venu d'une cinématographie moribonde.

ANYTHING ELSE (LA VIE ET TOUT LE RESTE)
WOODY ALLEN

Ne pas écouter ceux qui disent : Woody Allen, c'est toujours la même chose sauf que c'était mieux avant. Il y a, c'est vrai, des livraisons annuelles majeures, d'autres qui le sont moins. Celle-ci, la trente-troisième, est à ranger dans une catégorie à part. «Anything Else (la vie et tout le reste)», est en effet important : sous son apparence simple, presque désinvolte, il représente un passage de témoin, une transmission, un avertissement serein, comme si Woody Allen nous disait : «Voilà, la soixantaine est là, je ne serai pas éternel, place aux jeunes» en quelque sorte. Alors il déambule en compagnie d'un jeune auteur de sketches comiques, que joue comme en lévitation Jason Biggs (l'interprète d'«American Pie»). Et pour qui tout va mal. Il vit avec Amanda (Christina Ricci), non seulement boulimique mais frigide, il est le seul client de

Anything else (la vie et tout le reste)

de silhouettes cocasses ou inquiétantes hantent ce Mocky pur sucre qui, cette fois, renoue vraiment avec son âge d'or. Une résurrection !

LES CLÉS DE BAGNOLE

LAURENT BAFFIE

Tous les producteurs lui ont ri au nez. Toutes les grandes stars – Auteuil, Lanvin, Lhermitte, Arditi, Debbouze – l'ont chassé. Mais Laurent Baffie s'obstine : il veut tourner son premier film. L'histoire ? Un mec qui perd ses clés de bagnole. Et qui les retrouve au bout d'une demi-heure. C'est tout ? Oui. Et c'est drôle ? Laurent Baffie pense que oui. Avec une feinte naïveté, aidé par quelques complices visiblement attendris (Daniel Russo, Jean-Marie Bigard, Alain Chabat – irrésistible en vendeur de chiens – et Gérard Depardieu – inattendu en fromager),

Le Furet

Les Clés de bagnole

son impresario dépressif (Danny DeVito)... Avec tout ça, comment espérer faire rire ? David Dobel (Woody Allen) a la réponse, toutes les réponses. Le jeune homme trouve en lui un aîné, un père, un mentor, qui parle, lui parle, ne parle que de lui, mais en même temps, dans sa pessimiste et lucide ratiocination sur les femmes, le métier, la psychanalyse, la mort et autres futilités, devient la projection clairvoyante et plaintive de sa propre vie. C'est très drôle et touchant. On est toujours à Manhattan, mais Central Park est étrangement désert et le pont de Brooklyn est éteint. Le temps est passé.

LE FURET

JEAN-PIERRE MOCKY

Meurtres en série à Paris. Qui trucide les truands à la pelle ? Qui est cet inconnu en salopette qui court, comme le furet de la chanson, de bouches d'égout en tunnels de métro ? Un brave serrurier, secrètement mégalo, rêvant de grande vie, de belles voitures et de filles canon. Jacques Villeret excelle à camper cet homme ordinaire, avec une étincelle de folie dans l'œil. Chez Michel Serrault, qui s'en donne à cœur joie en chef de gang, c'est plus qu'une étincelle. De Robin Renucci à Michael Lonsdale, nombre

il fait semblant de découvrir la magie du cinéma et tourne, donc, en s'amusant, un film en train de se faire. On aurait, tour de même, souhaité un peu plus d'audace et d'invention dans l'absurde.

Kill Bill : volume I

Quentin Tarantino

Commençons par la fin, puisque dans l'espace-temps mis en place par Quentin Tarantino dans «Kill Bill», la durée n'a ni début ni fin, et la narration elle-même surgit du dénouement qui aurait dû lui être fatal : la mort de son personnage principal. La fin, ce pourrait être ce commentaire de Quentin Tarantino à propos de son nouveau film : «Mes films se déroulent dans deux mondes distincts, le premier, c'est «l'Univers Quentin» de «Pulp Fiction» et «Jackie Brown» – un univers intensifié, mais plus ou moins réaliste. Le second, c'est le «Monde du cinéma». Lorsque des personnages de «l'Univers Quentin» deviennent des spectateurs du «Monde du cinéma», ils nous ouvrent une fenêtre sur ce monde. «Kill Bill» est le premier de mes films à se dérouler dans le «Monde du cinéma». C'est moi en train d'imaginer ce qui se passerait si ce monde existait réellement, si je pouvais y emmener une équipe de cinéma et y faire un film de Quentin Tarantino sur ces personnages.»

Film sans début ni fin, parfait serial, «Kill Bill» accomplit ce que Serge Daney avait appelé, à propos de l'œuvre de Jacques Rivette, «le fantasme de cinéma permanent» : une œuvre dont les personnages sont spectateurs autant qu'«acteurs», dont la narration avance en état de demi-veille ou sommeil (le récit est-il raconté, joué, vécu, rêvé ?), une œuvre, enfin, dont le personnage principal est l'auteur, living dead émergeant à peine du coma, spectre qui parle, vit, rêve, tue, oublie, se souvient – un revenant.

Dans «Kill Bill», «la disparition» du metteur en scène fait écho, d'une manière à la fois transparente et invisible, aux quatre années de coma de l'héroïne : Uma Thurman, c'est moi. On raconte que les revenants sortis du coma demeurent à jamais marqués par leur long séjour dans la presque mort. De ce séjour, «Kil Bill» et son héroïne «la Mariée» (Uma Thurman) – autrefois surnommée Black Mamba (son nom de guerre dans le gang des vipères assassines), qui revient à la vie après avoir été laissée pour morte, enceinte, le jour de son mariage – portent les traces. Ainsi le film de Tarantino est-il tout entier à l'image de son héroïne (c'est-à-dire, moins de son personnage que de sa star) : physique et spectral.

Comme dans le plus beau moment suspendu de combats au couteau ou au sabre, les corps en lutte d'Uma Thurman et de ses adversaires fascinent moins pour la furie virtuose et chorégraphique de leurs enchaînements que pour la répétition spectrale de gestes (bang bang : tuer) d'autant plus voués à se reproduire que, dans ces décors où les cadavres s'accumulent, la mort n'existe pas. Qu'est-ce qu'un espace où l'action est la forme la plus pure, et où le temps obéit aux lois du royaume des morts-vivants ? C'est l'espace-temps du cinéma. En ce sens, «Kill Bill» est le cinéma.

La revenante, à la différence des fantômes, a un corps : corps

Souviens-toi de moi

90 **THE STATION AGENT**

TOM McCARTHY

Du haut de ses 134 cm, Finn McBride s'est habitué depuis longtemps à ne pas être «de taille». Si les plaisanteries des gamins désœuvrés lui passent au-dessus de la tête, son cœur se ferme dès qu'une personne lui manifeste de l'intérêt. «Je suis quelqu'un de très simple et ennuyeux», dit-il, comme pour prévenir l'inévitable blessure qui lui grifferait le cœur... Ayant hérité d'une gare désaffectée dans un coin paumé du New Jersey, Finn devra pourtant y affronter deux autres solitudes : celle d'un vendeur de pizzas ambulant et d'une femme peintre mauvaise conductrice. Il y a de la fable dans ce premier long métrage

The Station Agent

écrit et réalisé par l'acteur Tom McCarthy. Et une jolie manière d'évoquer la différence : Finn (Peter Dinklage) a la passion des trains et la trouille des rapports humains, Joe (Bobby Cannavale) aime parler et ne peut s'empêcher de grignoter l'espace des autres, Olivia (Patricia Clarkson) met dans sa peinture la souffrance qu'elle cache aux yeux du monde, celle, infinie et irréparable, d'avoir perdu son fils.

La réunion de ces trois-là a quelque chose d'encourageant. Sans larmoyer, «The Station Agent» musarde un peu en chemin, mais la grâce des acteurs et l'élégance du propos le rendent aimable et touchant.

SOUVIENS-TOI DE MOI

GABRIELE MUCCINO

Gabriele Muccino avait remporté un triomphe en Italie (8 millions d'entrées dans la péninsule) avec son précédent film «Juste un baiser» («L'Ultimo baccio»), portrait de la génération des trente ans, incurablement adolescente, sur le point d'être ligotée par le lien conjugal, rêvant d'y échapper encore un tout petit peu pour un baiser défendu, «juste un baiser». Les bonnes recettes ne demandant qu'à être à nouveau mitonnées, Muccino récidive avec un peu moins de bonheur en se penchant cette fois sur la génération des quadras, la génération des lendemains qui déchantent, des ambitions ratées, des illusions perdues. Carlo (Fabrizio Bentivoglio) se voulait écrivain, Giulia (Laura Morante) comédienne, c'est raté. Carlo a une belle maîtresse (Monica Belluci) qui sera sacrifiée sur l'autel des valeurs bourgeoises, il a aussi une fille, qui veut passer à la télé. La crise de la quarantaine n'est pas très originale, fut-elle italienne.

Le Temps du loup

LE TEMPS DU LOUP

MICHAEL HANEKE

De la catastrophe, nous ne connaîtrons jamais la raison ni la nature, juste les conséquences : des familles jetées sur les routes, sans ressources et sans réflexes affûtés pour la survie, chassées des villages et obligées de se rallier à plus forts qu'eux – trafiquants d'eau et chefs autoproclamés d'un abri de fortune. Sur un scénario post-apocalyptique, somme toute classique, Michael Haneke tire un film fort et radical. Plongeant par moments ses comédiens (et le spectateur avec eux) dans des ténèbres seulement trouées par une torche lointaine ou la flamme d'un briquet. L'angoisse est totale, physique. Les peurs d'Isabelle Huppert, Béatrice Dalle, Lucas Biscombe ou Anaïs Demoustier deviennent les nôtres. Parce que ce monde en perdition que le réalisateur ausculte de film en film est bien le nôtre. Inconfortable et inquiétant.

LES AVENTURES DE PORCINET

FRANCIS GLEBAS

Se sentant délaissé par ses amis, Porcinet part se cacher dans la forêt des Rêves bleus. Tigrou, Winnie, Bourriquet, Coco Lapin et compagnie partent à sa recherche. L'exquise ambiance et les dessins pastel des livres d'origine conservent leur attendrissante délicatesse dans cette nouvelle animation des Studios Disney. Pour les tout-petits petits.

Mystic River

MYSTIC RIVER
CLINT EASTWOOD

Une scène inaugurale traumatisante montre trois jeunes garçons jouant dans la rue. Tout est important, le gris du macadam, la béance de la bouche d'égout, l'attitude des enfants, leurs cris, leurs rires. Une voiture noire s'arrête. À l'intérieur, des hommes, un surtout qui dit être l'Ordre, la Loi. Un policier ? Un prêtre ? Un des garçons est enlevé, son regard d'effroi par la lunette arrière, la sidération irréparable des deux autres... Vingt-cinq ans plus tard, la rue du rapt n'a pas changé, les enfants non plus, ce sont trois hommes nus, trois âmes tristes, c'est ce que dit le film. Jimmy (Sean Penn) le petit déluré frimeur est un voyou déluré, Dave (Tim Robbins) dont l'enfance fut volée, violée, est un père de famille éteint, absent, un bloc pâle de vieille peur muette, le troisième, Sean (Kevin Bacon) revient, c'est un flic, un bon flic qui ne sourit jamais, que sa femme a quitté. Il revient parce que la fille de Jimmy a été assassinée. Les trois copains sont ainsi réunis par un chagrin au travail, par le passé qui leur avait promis sans qu'ils le sachent le cruel aujourd'hui. La plongée dans cette histoire désolée est profonde, l'engagement des trois grands acteurs total, la lumière en sombre harmonie et la musique, signée Clint Eastwood, aussi. Comme dans toute l'œuvre du cinéaste – trente ans, trente films derrière la caméra –, il est ici à nouveau et plus que jamais «minuit dans le jardin du bien et du mal».

NO PASARÁN
HENRI-FRANÇOIS IMBERT

Au départ, six cartes postales, découvertes dans l'album photos de ses grands parents par le réalisateur. Elles n'ont pas été écrites et représentent toutes l'arrivée, en février 1939, dans les Pyrénées-Orientales, de réfugiés espagnols fuyant la dictature de Franco. Henri-François Imbert piste alors la trace de ces immigrants et découvre que la France, terre d'accueil, les avait parqués dans des camps – alors appelés «camps de concentration» avant que la seconde guerre mondiale ne donne à ce terme une résonance insoutenable – et avait séparé les familles. Parfois l'image s'anime, pour croiser la route de ce vieil Espagnol, écorché vif, qui n'a jamais pu se résoudre à devenir français. Et puis, des révélations cinglent : comme celle de l'existence d'un lien entre un «camp» français et le camp nazi de Mauthausen... Film court, intense et magnifique, «No pasarán» se ferme sur des images d'autres réfugiés, à Sangatte...

Pas sur la bouche

Alain Resnais

Quoi de plus ringard qu'une opérette ? Une opérette où un mari obsédé par la virginité serait confronté à celui dont il ignore qu'il fut le premier époux de sa femme, lequel refusa toujours de l'embrasser sur la bouche. Des histoires comme celle-là ne s'inventent pas de nos jours, c'est sans doute dommage, mais on n'y peut rien, et de toute façon d'autres s'en sont chargés il y a près de quatre-vingts ans. Pour aller les chercher et en faire un film, il n'y a qu'Alain Resnais. Il est tentant de penser que les bons cinéastes sont comme les cons chers à Audiard : ils osent tout, c'est même à ça qu'on les reconnaît. Sauf qu'en l'espèce, l'audace n'est pas confortable, car à jouer avec le délirant, le kitsch, le croquignolet, le cinéma s'expose au risque du ridicule. De fait, pendant une dizaine de minutes, on se demande à quoi l'on a affaire. Qu'est-ce que c'est que cette histoire ? Qui sont ces gens qui se mettent à chanter au beau milieu d'une phrase ? Pourquoi ces décors aux tons passés, éteints, exact contraire des couleurs pétantes choisies d'ordinaire pour servir un genre dont il s'agit alors d'accentuer les caractéristiques les plus aisément repérables pour bien montrer que l'auteur n'est pas dupe, qu'il est bien plus intelligent que ses personnages, bien plus malin que son film ? Pas de ça chez Alain Resnais, jamais. Resnais ne joue pas contre l'opérette qu'il a choisi de ressusciter, il joue avec. Il n'impose rien au spectateur, il lui demande d'être son complice. Et poliment.

De même, il demande à ses acteurs de chanter. Quelques-uns savent, la plupart pas. Ils chantent comme des acteurs, des acteurs qui ont pour nom Sabine Azéma ou Pierre Arditi, Audrey Tautou ou Darry Cowl, Isabelle Nanty ou Lambert Wilson, des acteurs de leur propre vie, leur métier est de faire semblant, mais s'ils chantent «pour rire», c'est aussi pour de vrai. Et cela change tout. En effet, l'humanité qui est la leur jusque dans leurs hésitations et leurs maladresses de chanteurs qui n'en sont pas répond au factice des personnages, à l'artificialité des situations, tout devient alors plus déjanté encore, mais surtout plus vrai, contre toute attente, contre toute logique. «Pas sur la bouche» est ainsi un film tout en *glissando,* tout en petits riens qui changent tout, que l'on ne remarque pas mais que l'on voit, raccords singuliers ou recadrages inattendus, gros plan sur les pieds des personnages comme pour faire oublier que c'est du théâtre, puis la caméra s'élève et c'est du cinéma, mais la voix vous prend et ça ressemble à la vie, nous voici dans la troisième dimension, ou la quatrième, on ne sait plus, mais ce qu'on sait c'est qu'on se sent bien et qu'on n'a aucune envie que ça s'arrête. Le plus étonnant, mais tout est étonnant dans ce film, est que ces personnages si éloignés de nous, si déphasés, si ridicules parfois, au point d'en devenir presque effrayants, se révèlent sans qu'on y prenne garde à la fois très lointains dans le temps, ils sont bien

Innocents

Les Looney Tunes passent à l'action

INNOCENTS
BERNARDO BERTOLUCCI
Début 1968. Jeune Américain, Matthew (Michael Pitt) débarque à Paris au milieu de l'affaire Langlois qui secoue la cinémathèque française. À la manif du Trocadéro, il se lie avec deux jeunes gens, Isabelle (Eva Green) et son frère jumeau Théo (Louis Garrel). Ceux-ci, laissés à eux-mêmes par leurs parents, intellos absents, hébergent ce garçon venu d'ailleurs. Émules des «Enfants terribles» de Cocteau, ils s'enferment dans leur appartement bourgeois où ils vont jouer à «La Chinoise» de Godard, tandis qu'au dehors la France se déchire et que Bertolucci se prend pour Bertolucci. C'est bien cela le pire : qu'un cinéaste aussi prestigieux verse dans les gamineries, ne restituant ni l'ambiance ni le sens d'une époque qu'il caricature. Si l'évocation de la cinéphilie rend un son plus juste que les fausses audaces sexuelles, on est trop souvent en porte-à-faux. Et le maître entraîne ses trois comédiens, débutants pleins de bonne volonté, dans cette aventure hasardeuse.

ÉCOLE PATERNELLE
STEVE CARR
Deux publicitaires au chômage sont contraints de garder leurs jeunes enfants. Ils finissent par y prendre goût, au point d'ouvrir chez eux une garderie. Eddie Murphy semble calmé : au moins, il n'épuise plus le spectateur. Super sympa, il laisse même la vedette à ses adorables clients, avec lesquels le courant passe visiblement.

LES LOONEY TUNES PASSENT À L'ACTION
JOE DANTE
Branle-bas de combat aux célèbres studios de la MGM. Nouvellement nommée, la vice-présidente (Jenna Elfman) remercie d'une part l'une des grandes vedettes maison : l'irascible Daffy Duck, et, d'autre part, un maladroit vigile (Brendan Fraser). Le père de ce dernier n'est autre qu'un fameux comédien connu pour ses rôles d'agent hyper secret – identité dissimulant de réelles fonctions d'espion pour le gouvernement américain –, qui vient d'être kidnappé par un psychotique rêvant de dominer le monde (Steve Martin). Flanqué de Daffy, le subalterne part à la recherche de l'auteur de ses jours, suivi de près par Buggs Bunny et la responsable de tout ce chaos. Voilà une improbable aventure en «cartoon» pâte ! «Inégal» est le mot qui convient pour résumer à la fois l'animation, oscillant sans justification entre la 2D et la 3D, et une réalisation anonyme, où l'on ne retrouve guère le mordant du réalisateur des Gremlins.

CLANDESTINO
PAULE MUXEL
Récemment émigrés de Yougoslavie, un jeune garçon (Rastko Jankovic) et son père traversent la France de façon clandestine. La menace du moindre contrôle d'identité, l'anxiété grandissante poussent l'adulte à disparaître. Livré à lui-même, l'enfant fait la rencontre d'un homme bourru mais généreux (Julien Guiomar). Cousue du fil blanc des bonnes intentions, cette première fiction d'une documentariste joue sur le terrain de l'émotion retenue. Au point parfois d'assécher son message.

CUBA SON
YVES BILLON
Décidément Cuba et sa musique sont une source d'inspiration inespérée et inépuisable pour les cinéastes. Dans le sillage de Wim Wenders et de Karim Dridi, le documentariste Yves Billon tente de saisir le mystère de ces harmonies mariant les sonorités africaines et hispaniques. Mais les précédents films font incontestablement de l'ombre à celui-ci. Certes les papys musiciens sont toujours aussi charismatiques et les mélodies belles à entendre. Hélas, le manque de conviction de la mise en scène ne leur rend pas l'hommage mérité.

SCARY MOVIE 3
DAVID ZUCKER
Reprenant le flambeau des mains des frères Wayans, David Zucker («Y a-t-il un pilote, etc.») boucle, en lui redonnant du punch, la trilogie du film de terreur pour rire. Centré sur une parodie de «The Ring», avec également des allusions à «Signes», «Sixième sens» ou «8 Mile», cet ultime volet met en scène la blondinette Anna Faris, mais aussi Pamela Anderson, Charlie Sheen, Queen Latifah, Denise Richards et l'extravagant Leslie Nielsen dans le rôle incontournable du président des États-Unis. C'est rigolo et sexy à la fois.

Tiresia

UN JOUR DE PLUS

BABAK PAYAMI

Après une comédie fausseme
condition féminine en Iran, l
«Bulletin Secret» signe un film c
tant en lumière les excès d'une s
À travers le sort d'un homme e
(Ali Hosseini et Leyla Saadi), a
condamnés par les lois religieuse
en silence chaque jour dans le
la violence des interdits qui cla
héros emblématiques. Une abdica
filmée à la dérobée pour une fic
de documentaire.

TIRESIA

BERTRAND BONELLO

Deux parties distinctes pour ur
unifier les dissemblances. Au Boi
Terranova (Laurent Lucas) choi
d'une grâce parfaite (Clara Chov
somme, enlève et séquestre. En
captive et son geôlier, se créent
liens troubles de possession sadon
songe, évidemment, à «l'Obsédé
Wyler, où Terence Stamp séquest
Eggar. Mais Wyler évoquait des c
différentes. Bonello, lui, parle de
mysticisme. Lorsque le travesti, pr
voit sa barbe pousser, Terranova
yeux et l'abandonne.
Deuxième partie : aveugle, mais ca
l'invisible, le jeune homme (cette f
par Thiago Felès), héritier du myth
(puni par les dieux, un homme, de

American Splendor

AMERICAN SPLENDOR

SHARI SPRINGER BERMAN ET ROBERT PULCINI

Figure singulière parmi les Inconnus célèbres, Harvey Pekar, obscur citoyen de Cleveland, Ohio, était documentaliste à l'hôpital des Anciens Combattants. Quelques millions d'Américains, pendant une vingtaine d'années, ont dévoré assidûment la BD, ironiquement intitulée «American splendor», où il racontait sa vie quotidienne. En voici une transposition maligne et astucieuse, où l'excellent comédien Paul Giamatti incarne drôlement cet obsessionnel compulsif, collectionneur, amateur de rock'n roll, émule du grand Robert Crumb (le dessinateur de «Fritz the Cat» et «Mister Natural») qui illustra brillamment ses premières BD.

OASIS

LEE CHANG-DONG

Il faut accepter la performance physique dérangeante à laquelle se livre la comédienne Moon Soon-ri. Elle interprète une handicapée motrice et ne s'économise pas. Moon Soon-ri se tord, grimace, éructe, se plie, roule des yeux, grince des dents, le tout simultanément et constamment. Le réalisateur l'observe, nous la rend proche, familière comme pour que devienne plausible son histoire d'amour avec Jong-du (Sol Kyung-gu), jeune homme vaguement attardé mental et petit voyou récidiviste. Amour improbable qui choque les familles : que la jeune femme puisse éprouver du plaisir est, à leurs yeux, inadmissible. C'est en cela qu'«Oasis» se

Pas de repos pour les braves

Oasis

veut aussi «politique» que l'était «Peppermint Candy», premier film du réalisateur qui dénonçait la dictature militaire et le désastre économique en Corée. Depuis février 2003, Lee Chang-dong est devenu ministre de la Culture de son pays. On aimerait avoir, chez nous, des officiels aussi aventureux et aussi dérangeants.

PAS DE REPOS POUR LES BRAVES

ALAIN GUIRAUDIE

Alain Guiraudie (Prix Jean Vigo 2001 pour «Ce vieux rêve qui bouge») avait surpris et séduit avec des courts et moyens métrages très personnels. On retrouve ce mélange très particulier de militantisme et de poésie dans son premier long métrage. On en est enchanté ou exaspéré. L'aventure de Basile (Thomas Suire), disparu et recherché par Igor (Thomas Blanchard) et puis par Johnny Got (Laurent Soffiati), associe avec une joyeuse insolence le refus de la convention et le goût de la référence. Parce qu'il cherche à savoir ce qu'il en est de vivre, Basile traverse un univers dont les frontières ne cessent de s'évanouir et se recomposer. On est entre la vie et la mort, la raison et la folie… Jusqu'à la très belle dernière séquence, on erre sur des routes incertaines, et c'est délicieux.

LA PROPHÉTIE DES GI

JACQUES REMY-GIRERD

Sorti courageusement une
ferlante «Nemo», ce dess
trouver sa place et a remp
Un graphisme original, p
contemporaine des livres
support à une relecture pé
tique et humaniste du Dél
de Noé bancale, navigue
adopté par un vieux marin
maman africaine, et une p
ses parents peut-être man
tandis que l'ours, le lion et
ventre creux luttent beauc
quer quelques-uns de leur
prime un casting de voix
Grinberg en tortue félonne,
triarche atypique, Jacques
végétarien, sans oublier Rog
sistibles éléphants parlant
comme Michel Galabru et A

KITCHEN STORIES

BENT HAMER

Dans les années 1950, les Su
porter leur savoir-faire en ma
de cuisine. Ils se lancent alc
de voisinage et envoient da
norvégien une escouade d'ob
d'entre eux, perché sur une s
bitre, notera ainsi les déplacer
célibataires qui ont accepté d
étude. Évidemment, les règle
nication entre les experts et
enfreintes ! On peut reconna
Bent Hamer («Eggs») un go
les sujets dingues. Il en résult
namment chaleureuse et ser
Même si tous les ressorts de
Suède et la Norvège ne nous
l'humour et l'humanité qui
«Kitchen Stories» sont follem

OPOPOMOZ

ENZO D'ALÓ

Redoutant la venue au monde
ennemi, le Christ, le diable fo
diabolique pour l'empêcher. Ro
riblement jaloux à l'idée de la n
ne d'un petit frère, sera l'intern
manœuvres sataniques. Télépor
le petit garçon va donc tout fai
la nativité. Niant l'humour féroc
sant postulat, l'auteur de «La
Chat», signe un dessin animé
bien-pensant, et d'un moralism

DEUXIÈME TRIMESTRE

Mille mois

MILLE MOIS

FAOUZI BENSAIDI

Joli film ouvertement drôle, insidieusement iconoclaste. Mehdi (Fouad Labied) est un gamin qui vit avec sa mère et son grand-père dans un village de l'Atlas marocain. On lui raconte bien des fariboles et Mehdi est trop malin pour les croire : il se doute bien, par exemple, que son père, opposant au régime, n'est pas parti travailler en France. Il a du mal, aussi, à admettre que le mois de ramadan «vaut mille mois», comme le prétend son grand-père... Dans son école, Mehdi est un privilégié. Son rôle, qu'il prend très au sérieux, c'est de veiller sur la chaise de l'instituteur. Mehdi ne la quitte pas des yeux et la trimballe avec lui pour qu'elle ne soit pas volée. Il est tout fier du pouvoir qui lui est accordé et inconscient, bien sûr, de l'importance dérisoire de sa mission. C'est cette dérision que saisit brillamment le réalisateur, Faouzi Bensaidi. L'instituteur sévère écrit secrètement des poèmes larmoyants à sa jolie voisine. Le chef du village est un noceur repenti, donc féroce. À chaque instant, la pagaille menace : les téléviseurs tombent en panne, le mariage de l'ancien noceur tourne à la catastrophe, des poules caquetantes interrompent la prière... Le film dure deux heures – petite erreur ! – mais Faouzi Bensaidi a tant de choses importantes à dire qu'on l'excuse volontiers.

LES CONTES DES ANIMAUX

LUCINDA CLUTTERBUCK

Huit courts métrages animés, mettant en images autant d'animaux venus du monde entier (la louve, le rhinocéros, le tigre de Tasmanie, le requin, la grenouille, etc.) composent un programme conjuguant ambitions artistiques et pédagogiques.
Malheureusement aucun de ces deux buts poursuivis ne se révèlent convaincants. Le choix d'une animation figée, figurative et saturée de couleurs criardes, reste discutable. Quant au commentaire, lourdement didactique, il est rapidement et irrémédiablement ennuyeux.

Reconstruction

RECONSTRUCTION

CHRISTOFFER BOE

Coup de foudre à Copenhague. Alex (Nicolaj Lie Kaas) quitte sa fiancée Simone pour une inconnue rencontrée par hasard, Aimée (la très séduisante Maria Bonnevie joue symboliquement les deux rôles), femme du célèbre écrivain August Holm (Krister Henriksson). Le lendemain, la maison d'Alex a disparu, Simone ne le reconnaît plus, bref toute sa vie a réellement changé. Alex et Aimée décident de partir ensemble pour Rome et se donnent rendez-vous le soir même, mais un ultime renversement vient tout changer. Sur ce captivant postulat, le Danois Christoffer Boe a bâti un film qui développe les thèmes de l'illusion et de ses vertiges et donne à voir un monde où le cinéma se substitue à la vie. Projeté à Cannes 2003 dans le cadre de la Semaine de la Critique, «Reconstruction» y a décroché la très enviée Caméra d'Or.

THIRTEEN

CATHERINE HARDWICKE

Deux gamines de treize ans, totalement droguées à la colle, échangent des gifles monumentales – comme ça, pour rien, pour se faire peur, pour se faire mal, pour rire. La lèvre de l'une se met à saigner, la pommette de l'autre commence à gonfler. Comment Tracy (Evan Rachel Wood) et Evie (Nikki Reed) en sont-elles arrivées là ? C'est ce que le film, après cette ouverture fracassante (et terrifiante), va s'appliquer à nous raconter. Soit une enfant «normale», sage et effacée, qui, pour approcher la «fille la plus cool du collège» se met peu à peu à dériver de vol de portefeuille en piercings, de tenues outrageusement sexy en ingestion de substances illicites diverses. Bien sûr, certaines causes identifiables sont pointées au détour du récit par la réalisatrice : parents absents ou copains (Holly Hunter est parfaite en maman sympa à peine grandie), absence de repères, société de consommation... Mais la force de «Thirteen» – coécrit par la réalisatrice et Nikki Reed, qui avait bel et bien treize ans lorsqu'elle a signé le scénario –, c'est son témoignage brut d'une adolescence perdue. Ni explications, ni solutions, juste un constat.

ATTENTION, DANGER TRAVAIL

PIERRE CARLES

Alors que les hommes politiques, toutes tendances confondues, ne cessent de dresser du chômage un tableau dramatique et culpabilisant, Pierre Carles, journaliste et documentariste iconoclaste, part à la rencontre de ceux qui ont décidé de s'affranchir des contingences d'un boulot rémunéré. Des hédonistes heureux, fumistes pour certains, mais fiers de l'être, qui n'ont, pour convaincre du bien-fondé de leur choix de vie, que le témoignage d'un bonheur retrouvé. En parallèle, le réalisateur revient sur une décennie de manœuvres (et de complicités) patronales et gouvernementales ayant peu à peu précarisé le tout emploi et dégradé les conditions de travail. Lui reprocher d'être partisan serait une lapalissade. Mais son pamphlet gentiment provocateur, traversé par cette élémentaire conscience politique faisant trop souvent défaut au cinéma français, nous fait entendre quelques belles vérités.

Confidence

Qui a tué Bambi ?

CONFIDENCE
JAMES FOLEY
Le plus prévisible, le plus formaté, mais aussi, le plus efficace des polars hollywoodiens. Une histoire d'arnaqueur sachant arnaquer mais se faisant à son tour arnaquer par plus arnaqueur que lui. Le héros filou mais charmeur – et réciproquement – est joué par le joli Edward Burns (apprécié dans les films qu'il réalise et comme «She's so lovely» et dans «Il faut sauver le soldat Ryan» de Steven Spielberg), Rachel Weisz est une femme fatale de bonne figure (et facture !), Andy Garcia en flic flou est méconnaissable et dans le (petit) rôle du caïd colérique, éructant, grimaçant, surjouant avec un plaisir assez communicatif, on retrouve le cher Dustin Hoffman. Fric et flingues à gogo, c'est la loi, mais le scénario est tellement embrouillé, qu'on ne sait plus très bien à la fin qui a piégé qui. Est-ce si important ?

HIC (DE CRIMES EN CRIMES)
GYÖRGY PALFI
Venu de nulle part, entre documentaire rural déjanté et fable féministe décalée, inspiré par un fait divers des années 1920, un film étonnant, décapant, d'un jeune Hongrois de vingt-neuf ans. Une vieille en noir cueille des «simples» en trottinant, puis livre à la chaîne à des ouvrières en bleu des petits flacons mystérieux, les hommes du village meurent empoisonnés, la terre revient aux veuves, le tracteur se fait corbillard, un vieillard assis sur un banc hoquette («Hic !») en rigolant. Pas de dialogues (ça repose), mais des sons très pertinents – on entend pousser l'herbe, littéralement. Un ovni macabre et réjouissant.

SWAT, UNITÉ D'ÉLITE
CLARK JOHNSON
Composée de policiers aux nerfs d'aciers et aux biceps surdimensionnés (Colin Farrell, Michelle Rodriguez, L. L. Cool J.), la SWAT est une équipe d'exception chargée des missions les plus dangereuses. Elle doit, cette fois, escorter un sardonique trafiquant de drogue (Olivier Martinez) ayant proposé une forte somme à qui parviendrait à le libérer. Se nourrissant de testostérone, de courage exemplaire et de patriotisme sans faille, «SWAT, unité d'élite» est prévisible comme la plupart de ces films d'action calibrés.

JELLYFISH
KYOSHI KUROSAWA
Yuji (Joh Odagari) est fasciné par Mamoru (Tanadobu Asano), lui-même fasciné par la méduse qu'il a installée, chez lui, dans un aquarium. Quand son copain pète un plomb et se retrouve en prison après un meurtre, Yuji se lie avec le père du jeune homme et poursuit sa mystérieuse mission, mirer la méduse... Cette fable très lente, très obscure et très vaine, est réalisée par un cinéaste talentueux («Cure», «License to live») et un rien trop célébré («Charisma»).

QUI A TUÉ BAMBI ?
GILLES MARCHAND
Le premier film du coscénariste de «Harry, un ami qui vous veut du bien» de Dominik Moll et de «Ressources humaines» de Laurent Cantet est un objet singulier. Il est ici question de peurs enfantines et viscérales, comme dans un conte cruel avec petit chaperon rouge et grand méchant loup de rigueur. Soit une jolie infirmière, Isabelle (Sophie Quinton, formidable révélation), et un docteur au bouc de Mephisto (Laurent Lucas, épatant comme toujours) – c'est-à-dire un animal aux aguets et un prédateur. La jeune femme, surnommée Bambi, hume l'air et y repère peu à peu toutes les preuves que l'ogre, après s'être repu de ses proies habituelles (les belles endormies allongées dans les lits de l'hôpital), s'attaquera prochainement à elle. Bienvenue dans le cauchemar d'Isabelle ! Dans sa première partie, «Qui a tué Bambi ?» s'abreuve à la source de plusieurs genres (téléfilm hospitalier, film noir ou fantastique) et remplit son contrat : il surprend, il intrigue. Mais, trop vite, alors que Bambi ignore toujours la vérité, le spectateur est averti des agissements réels du vilain docteur. À partir de là, le film s'enlise. Un jeu du chat et de la souris dans un (toujours) somptueux décor strié d'horizontales et de verticales aux couleurs métalliques, mais qui s'étire avec complaisance dans des lectures psychanalytiques finalement assez banales.

HOP
DOMINIQUE STANDAERT
À cause d'un match de football et d'un branchement interdit sur le câble d'un voisin raciste, Justin (Kalomba Mbuyl) et son père sont obligés de s'enfuir. Lorsque ce dernier est arrêté, l'adolescent, prêt à tout pour le sauver, va jusqu'à provoquer les forces antiterroristes belges. Une comédie un brin surréaliste pour mieux dénoncer l'injustice du sort des sans-papiers : pourquoi pas ? Regrettons le manichéisme qui plombe ce film fragile.

Troisième trimestre

JANVIER

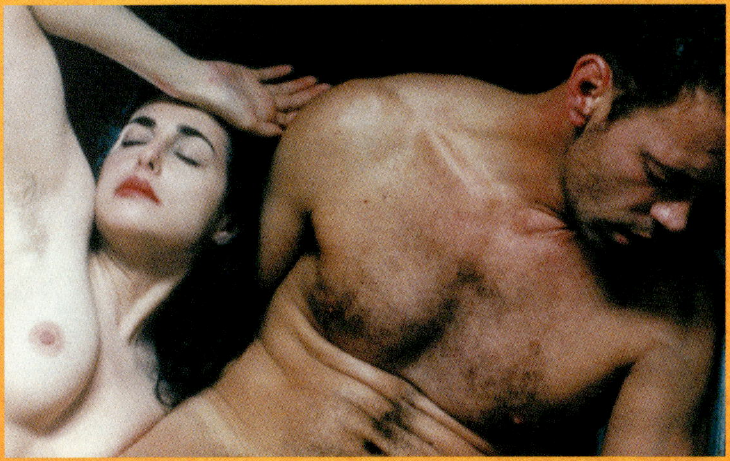

Anatomie de l'enfer

FÉVRIER

Les Rivières pourpres 2 - Les anges de l'apocalypse

MARS

Les Choristes

Retour à Cold Mountain

Feux rouges

Kiss of Life

Agents secrets

Violence des échanges en milieu tempéré

Kiki la petite sorcière

LE FILM PHARE

L'Esquive

Abdellatif Kechiche

Si on excepte «Wesh Wesh» de Rabah Ameur-Zaïmèche et «Petits frères» de Jacques Doillon, les caméras de cinéma ont perdu la carte orange 5 zones et, avec elle, l'accès qui permettait à l'image d'une cité d'être autre chose qu'une zone de non-droit. Ces deux termes (cinéma et cités) sont en quelque sorte devenus des repoussoirs. Les images des banlieues n'ont pourtant pas manqué ces derniers mois, mais sont venues presque exclusivement du petit écran. Or, même s'il est un film très découpé, réussissant en quelques plans de nuques un exploit de sensualité et d'observation, la première qualité de «L'Esquive» n'est pas de vouloir exister coûte que coûte comme film de cinéma. Mais, à l'inverse, d'embrouiller le jeu de nos références en partant des codes connus : l'image vidéo est la même qu'hier au JT de 20 heures. Et il y a fort à parier que le spectateur en mal de parano attendra le générique de fin pour se persuader que Lydia et Krimo ont à la ville les mêmes prénoms qu'à la scène. Comme ils s'appellent Sara Forestier et Osmane Elkharraz, et qu'ils sont géniaux, comme à peu près toute la troupe autour d'eux, le parano ne saura plus à qui confier ses doutes.

«L'Esquive» est un film rusé qui sait porter en lui un puissant effet de réel, mais c'est aussi une fiction, affichée, appelée sans cesse à le rester. Il faut croire, pourtant, que les cités n'ont pas encore droit, dans l'inconscient collectif, à accéder à cette zone précise de notre histoire : le romanesque. En toute intelligence, Kechiche nous a donc adressé un film qui sait pertinemment qu'il vient après les JT ravis de nous documenter sur les tournantes, le trafic du shit ou la question du voile. Du coup, le cinéaste ne fait pas un film sur cela, même si ce n'est pas non plus un film sans cela. Kechiche prend la question de la vie en cité autrement : par la langue, par exemple. Après «La Faute à Voltaire», son premier film, il s'est lancé dans l'entreprise de remixer le parlé "caillera" avec «Les Jeux de l'amour et du hasard», forme de rap amoureux daté de 1730 et signé Pierre Carlet de Chamblain de Marivaux (1688-1763), soit pas exactement le premier dealer de "teush" venu. Partant de là, le postulat pourrait passer pour scolaire : quelques ados répètent du Marivaux avant la kermesse de fin d'année, en tenue (robe façon Ancien régime ou habit Arlequin style «bouffon», ce qui confère parfois à «L'Esquive» un petit côté Straub déconcertant bienvenu), ceci devant leurs classes ou en bas des immeubles. Les scènes de la pièce viennent trouver leur prolongement dans les épisodes amoureux qui lient Krimo et Lydia, comme on devait s'y attendre, mais cela aussi n'est encore qu'un prétexte.

«L'Esquive» n'est ni un film en gros sabots sur les rapports du théâtre et de la vie, ni un (joli) film sur l'adolescence en émoi : il s'attache à l'imposture et à son corollaire, les codes de la vie qui serrent comme des cadres et dans lesquels, sans armure,

Horus, prince du soleil

Frère des ours

La Planète bleue

Le Chat chapeauté

LE FILM PHARE

Lost in Translation

Sofia Coppola

126 Un homme, une femme. Un regard, un hôtel. On croit connaître la chanson. Et voilà que Sofia Coppola nous la chante à sa façon, limpide, unique. A-t-elle lu Baudelaire ? On le jurerait tant les vers d'«À une passante» résonnent dans ces images mélancoliques, bercées d'un rock chaud et planant : «Ô toi que j'eusse aimée, Ô toi qui le savais...» La passante, c'est Charlotte, jeune mariée au visage bouffi de sommeil. Celui qui la regarde, c'est Bob, acteur du double de son âge, les traits figés dans une moue de perplexité caoutchouteuse. Leur rencontre aurait pu se passer sur la lune ou au fond de l'océan. Elle a lieu dans un grand hôtel de Tokyo, lieu de perdition accueillant et impénétrable, sas de sécurité ouvert à tous et fermé sur lui-même. Oubliés dans leur Amérique natale, inconnus dans un Japon fatal, Charlotte et Bob ne savent pas que ce cocon ouaté sera le lieu de toutes leurs métamorphoses. Elle est venue accompagner son mari, fringant photographe à l'agenda surbooké. Il a laissé sa femme à ses histoires de moquette en Amérique et s'en est allé tourner une pub pour un whisky nippon. Ils ne se connaissent pas et n'ont pas l'intention de le faire. Concrétiser, décider, très peu pour eux. Météorites déboussolées, ivres d'ennui et de solitude, ils tournoient sur eux-mêmes avant de s'entrechoquer en douceur. Leur attraction est d'abord régie par le décalage horaire. Sofia Coppola donne à palper, comme personne, cette étrange maladie du voyageur condamné à vivre à contretemps, perdu dans un brouillard énergisant. Zombies en état d'éveil extrême, Charlotte et Bob émettent et captent des signaux inhabituels. Engourdi et détraqué, leur organisme compense par une excitation nerveuse qui décuple l'acuité sensorielle. La clameur électrique de Tokyo les met en alerte au lieu de les assourdir. Un fax qui crépite, des rideaux qui s'ouvrent automatiquement : chaque bruit sonne comme une présence surnaturelle et alarmante. Le décalage recale. Il remet les choses en place, comme un massage violent qui malmène le corps avant de le laisser repartir pour d'autres aventures, autonome, souple et détendu. Le film aurait pu se passer sur une plage des Seychelles ou sur une gondole vénitienne. Nous nous serions satisfaits de n'importe quel cliché, tant Sofia Coppola est apte à tout régénérer. Elle a la bonne idée de parachuter ses personnages au Japon et de n'en tirer aucun dépaysement romantique. Rêche et brutal, l'exotisme nippon n'incite pas à la bagatelle. Charlotte et Bob sont même chassés d'un restaurant à coups de mitraillette virtuelle. Les feux rouges font *tchip tchip,* les trains entrent en gare sur fond de musique criarde, les luminaires des gratte-ciels remettent tout œil vague sur le droit chemin. D'inutiles messages sonores et visuels fusent de toutes parts, accaparant leurs pensées. Tout est fait pour qu'ils ne puissent pas rentrer en eux-mêmes dans ce pays de surpassement technologique. Et pourtant, l'effet inverse se produit. Leur corps devient une coquille dans

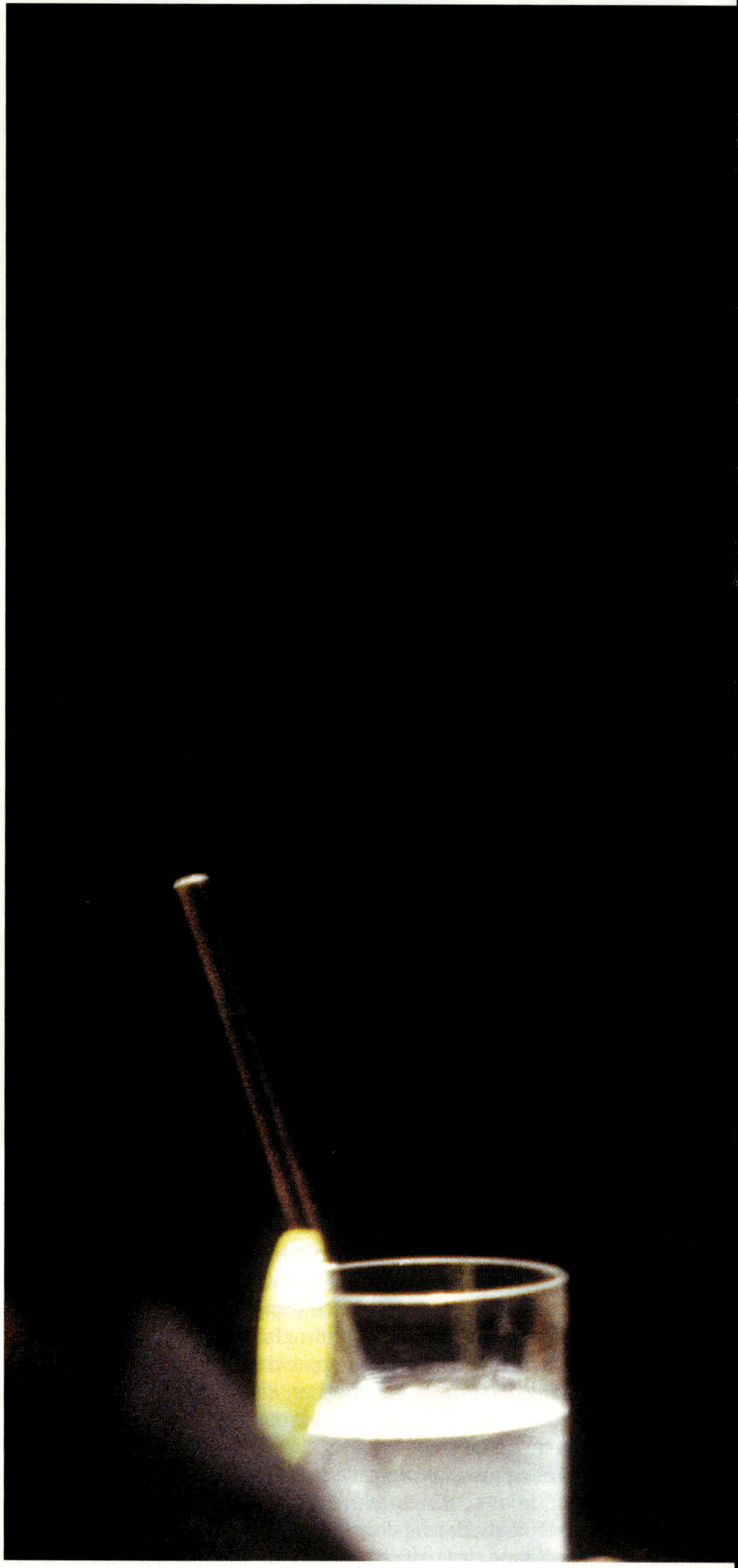

laquelle ils se réfugient pour se mettre à l'abri. Et la sérénité finit par affleurer du tréfonds de leur être. Sofia Coppola capte aussi la douleur fugace mais intense de l'étranger privé de ses repères. Perdus dans un monde dont ils ne comprennent ni la langue ni les codes, ses deux héros ont mis leur intellect en veilleuse. Ils sont dans le vertige de l'instant, dans la perception immédiate et directe du présent. Se trouver immensément grand dans l'ascenseur, se laver sous une pomme de douche réglée à la mauvaise hauteur. Autant de sensations primaires et implacables qui vous plongent dans une terrible angoisse existentielle : qui suis-je sur cette terre où rien n'est fait pour moi ? Du coup la plus petite connivence devient rassurante. Un seul regard est source d'apaisement. Bob et Charlotte se rejoignent par solidarité métaphysique, unis par la beauté de leur silence dans le brouhaha tokyoïte. Sofia Coppola leur tend beaucoup de miroirs : Charlotte ne peut éviter de se regarder dans la baie vitrée de sa chambre d'hôtel, et Bob n'en finit plus d'être confronté à sa propre image, reproduite à grande échelle sur les affiches publicitaires de la ville. Effrayés par le reflet d'eux-mêmes, ils s'oublient dans les yeux l'un de l'autre. Voir à travers l'autre, tout en se réverbérant en lui, c'est le propre d'une rencontre réussie…La fusion opère d'autant mieux que les deux êtres sont farouches et réservés. Parfois presque boudeurs et dédaigneux. Souvent drôles et flegmatiques, amusés par l'absurdité de leur destin. Interprétés par deux acteurs au jeu translucide et pénétrant (Scarlett Johansson, la petite pianiste de «The Barber» des frères Coen, d'une douceur olympienne, et Bill Murray, le dindon d'«Un jour sans fin», délicatement désorienté), ils semblent éterniser le calme avant la tempête. Tout se joue à l'intérieur. Ils couvent quelque chose de fragile et d'indéfinissable dont l'éclosion n'apparaîtra pas à l'écran. Non pas que Sofia Coppola cherche à jouer sur la frustration. Elle suit simplement la maturation éphémère et innocente de quelque chose d'impalpable : l'évolution des êtres. Son film montre que les grands moments de la vie ne sont pas forcément les plus spectaculaires, que les changements d'aiguillage n'interviennent pas forcément aux grands carrefours fléchés. Bob et Charlotte s'aiment-ils, s'aimantent-ils ou s'épaulent-ils simplement ? «Un éclair... puis la nuit/ Fugitive beauté/ dont le regard m'a fait soudain renaître/ Ne te verrai-je plus que dans l'éternité ?/ Ailleurs, bien loin d'ici, trop tard ! Jamais, peut-être…» Sofia Coppola nous laisse le soin de résoudre l'énigme baudelairienne tout seuls, face à nous-mêmes, longtemps après la mystérieuse image de fin. Avec une certitude très nette : ce film-là, radieux, retenu et remuant marque une date dans l'histoire personnelle de celui qui l'a vu.

Marine Landrot
Télérama

On a pu dire ici ou là que le film transportait dans sa valise un peu trop de gags fonctionnant sur la xénophobie antijaponaise. Certes «Lost in Translation» repose en partie sur la coexistence burlesque entre la nonchalance de l'Américain Murray et l'empressement des Japonais, et plutôt aux dépens de ces derniers. Mais on peut aussi bien analyser le film autrement : comment réagit un représentant de la culture dominatrice américaine, porte-drapeau vivant de deux emblèmes yankees (whisky et cinéma) plongé à l'état de minorité dans un environnement civilisationnel fort comme peut l'être le Japon, culture autarcique et de haut lignage s'il en est ? Shiva Naipaul (frère précocement décédé du prix Nobel V.S Naipaul) écrivait dans son «Voyage inachevé» que «tout voyage est un processus d'auto anéantissement». «Lost in Translation» explicite cette idée à sa manière glamour, avec un art du cliché touristique assumé voire fétichisé : le quartier de Shibuya la nuit avec ses façades vidéo, le karaoké, l'altérité culinaire radicale...). Plus le film avance, nouant soudain une idylle platonique avec une autre jet-laggée, Charlotte (Scarlett Johansson), plus Harris, rouleur de mécaniques blasé, rejoint à son tour les espaces flottants de la ville futuriste, crooner murmurant, individu anonyme dans la jungle des parapluies à l'heure des ondées tropicales. Sofia Coppola n'a pas son pareil pour fixer en un plan ces épiphanies rares qui ne relèvent ni d'un sens du récit (ici plus que lâche) ni d'une particulière virtuosité. Simplement, la légèreté de la forme finit par manifester une profondeur de fond, l'étude en mode mineur d'un certain état de l'individu moderne déchiré entre les souffrances de l'ubiquité et les ravissements de la solitude ultime.

Didier Péron
Libération

Une errance ensommeillée dans un Tokyo fou à lier. Il ne se passe pas grand-chose dans le dernier film de Coppola fille... sauf peut-être, excusez du peu, la rencontre d'une vie. Brève, impossible et belle. Réservée, délicate, Sofia Coppola réussit à rendre cela, tout en vibrations et petites touches. Bob Harris (Bill Murray) vieille gloire du cinéma américain engagé par des publicitaires japonais pour vanter une marque de whisky, est aussi désabusé par la vie que par lui-même. Épuisé par le décalage horaire et les insomnies, il rencontre au bar de l'hôtel une très jeune femme américaine exilée, comme lui, mariée à un photographe qui la délaisse. Entre eux deux, très doucement, très progressivement va naître un très grand sentiment. Aussi pudique que la ville dans laquelle ils évoluent est elle-même impudique, déjantée, hallucinogène et azimutée. Le Japon de Sofia Coppola n'a pas grand-chose à voir avec celui d'Amélie Nothomb, vingt ans après. Son regard sur les Nippons du XXIe siècle est aussi drôle qu'acéré. Doué, vraiment. Astucieux. Pour donner un nouveau souffle à un sujet un peu revu, il fallait des acteurs que l'on n'oublie pas. Bill Murray explose là dans un personnage éloigné d'un parcours qui a commencé avec «Ghostbusters»... Il est stupéfiant dans un rôle douloureux traversé d'instantanés comiques fulgurants. Scarlett Johansson est une Charlotte translucide et fine. La scène finale contient une petite énigme. Que lui dit-il avant qu'ils ne se séparent ? Un dénouement retenu, à l'image de cette rencontre baudelairienne, fugitive et intense.

Caroline Parmentier
Présent

Ce film a la grâce flottante comme entêtante d'un souvenir. C'est de fait, la toute première qualité de la jeune cinéaste qu'est Sofia Coppola. Son rapport au temps – un perpétuel balancement entre nostalgie immédiate et présent recomposé – est à lui seul une leçon de cinéma. Impressionnant. D'où peut-être, ce sentiment d'adéquation délicate entre son sujet, le décor choisi et l'atmosphère qu'elle distille tout au long de «Lost in Translation», sa nouvelle chronique, urbaine, nipponne et insomniaque, qui enchante cette rentrée cinéphile de janvier ! Pour son premier long métrage – le très recommandable «Virgin Suicides» encensé par la critique – la «fille de son père» (l'épique Francis Ford Coppola) possédait d'emblée cette justesse formelle. On pensait alors que la thématique choisie – l'adolescence, sa cruauté, sa fascinante radicalité – avait facilité (vu l'âge de la réalisatrice) ce remarquable galop d'essai. Avec «Lost in Translation», second opus dûment attendu par ses admirateurs, elle confirme tout le bien que l'on espérait d'elle : la fluidité de sa caméra, l'envoûtante tendresse qui enveloppe ses personnages. À mille lieux de la «branchitude» réductrice, elle parvient à traiter du décalage, qu'il soit horaire, culturel, affectif ou linguistique... sans jamais exclure quiconque. Rarement, même, deux personnages aussi singuliers qu'un acteur américain de seconde zone (très drôle et très touchant Bill Murray) et une jeune mariée désœuvrée (troublante Scarlett Johansson, qui ressemble physiquement à Sofia Coppola...) ont eu autant d'atouts pour captiver un auditoire pourtant à mille lieues de leur crise d'identité respective. Sans doute – et c'est là une troisième qualité – parce qu'en dépit d'un petit budget et d'un tournage à l'arraché au Japon, ce film majeur agite de vraies réflexions sur des sentiments universels. Au travers de cet homme d'âge mûr et de cette jeune femme à l'orée de l'âge adulte, tous deux perdus dans un grand hôtel à Tokyo, tous deux à un tournant – différent – de leur vie, c'est naturellement à l'intimité de l'être que l'on touche. À ses renoncements. «Lost in Translation» signifie – puisque l'on a choisi de garder le titre en anglais, mais est-ce un hasard ? – «perdus dans la traduction». C'est précisément cet égarement, qui suscite sourires, rencontres et déstabilisations. Et permet, avec la force entêtante du souvenir, d'avancer.

Ariane Allard
La Provence

C'est la plus belle fin qu'on ait eue au cinéma depuis «Autant en emporte le vent». La dernière scène de «Lost in Translation» de Sofia Coppola est déjà culte. Le héros, Bill Murray, quitte l'héroïne, Scarlett Johansson. Bill serre Scarlett contre lui et lui murmure quelque chose à l'oreille, qu'on n'entend pas, mais qui la fait pleurer de bonheur. Puis ils se séparent. Que lui a-t-il dit ? Personne n'a la même interprétation. Nous avons, au choix, la basique : il lui dit qu'il l'aime. Et après, elle n'entend plus tellement elle flotte. La physique : il lui dit qu'il a eu envie d'elle tout le temps. Et après, qu'ils feront l'amour. Il ne sait ni quand ni où, mais ils le feront. La platonique : il lui dit qu'il ne l'oubliera jamais et qu'il pensera à elle comme au merveilleux de la vie sur terre. Et après, elle est contente parce que c'est mieux que rien. La pratique : il lui donne rendez-vous dans un an, même jour, même heure. Et après il n'a plus qu'à aller dire à sa femme qu'il va changer de vie. L'ésotérique : c'est pur génie coppolesque ce film où tu remplis toi-même les blancs, avec les blancs de ta vie.

Sophie Fontanel
Elle

Company

R D

Buongiorno, notte

Marco Bellochio

Le film de Marco Bellochio construit une fiction à partir d'un événement réel : l'enlèvement, la séquestration et l'exécution d'Aldo Moro en 1978. «Buongiorno, notte» s'organise comme une sorte de huis clos mettant en présence deux protagonistes : l'un à quatre visages, le commando des Brigades rouges qui séquestre Aldo Moro ; l'autre, le vieux leader de la Démocratie chrétienne enfermé entre les quatre murs d'une petite cellule pour y subir un procès révolutionnaire. Entre les deux pôles de la confrontation se joue une partie serrée. Le cinéaste oppose la rigidité idéologique des Brigadistes – avec toutefois la faille qu'il introduit en la personne d'une jeune femme qui croit de moins en moins en la légitimité d'une exécution programmée (c'est par ailleurs le seul personnage que l'on suit dans son travail hors de l'appartement de la séquestration) –, à l'humilité d'un vieux politicien cerné dans sa détresse humaine. L'Aldo Moro de Bellochio est rendu touchant par la dimension de ses affects et l'étroitesse de ses perspectives de libération : il appelle au secours sa famille, ses camarades de parti, le pape lui-même, espérant toujours qu'il existe une alternative à sa condamnation prévisible. Bellochio offre davantage une réflexion que la relecture d'un épisode controversé de l'histoire de l'Italie. Il ne fait pas œuvre d'historien, mais donne libre cours à son imagination pour rendre compte d'un événement vieux de vingt-cinq ans que le recul rend particulièrement absurde, surtout qu'il subsiste encore aujourd'hui des zones d'ombre autour de cet événement si singulier. Il revient aussi sur l'épisode fondateur de la démocratie italienne (les combats de la Résistance) avec ce banquet du souvenir en l'honneur d'un camarade décédé, comme si les espérances trahies des lendemains de guerre conduisaient à l'impasse du terrorisme. Les «années de plomb» ont profondément marqué le pays, et la page semble d'autant plus difficile à tourner qu'il est confronté à des résurgences du phénomène.

Le cinéaste, qui fut lui-même traversé par des convictions d'extrême gauche et qui milita dans les rangs de l'Union des communistes (pour laquelle il réalisa «Viva il primo maggio rosso» et «Paola» en 1969), met en scène un épisode traumatisant de la vie politique italienne : l'enlèvement du chef du parti le plus puissant du pays, sa détention pendant cinquante-cinq jours, et son exécution par des Brigadistes décidés à aller jusqu'au bout de leur logique de lutte contre l'État bourgeois. Face à une classe politique qui refuse de négocier et un souverain pontife qui se contente de lancer des appels à la clémence sans aucune monnaie d'échange, les Brigadistes, au risque d'étaler leur manque de détermination à l'égard de la «classe ouvrière» dont ils se prétendent la pointe avancée, n'ont guère le choix. Avec la rhétorique du discours extrémiste se justifie l'exécution d'un homme dont les appels ne

sont jamais entendus, ou ne veulent pas être entendus : la raison d'État ! Et le final, qui voit toute la classe politique assister à une messe célébrée par Paul VI alors que la dépouille mortelle ne se trouve pas dans la basilique Saint-Jean-de-Latran, a quelque chose de surréaliste. Bellochio, qui a beaucoup utilisé dans la narration les journaux télévisés comme repère temporel, souligne l'étrangeté de la cérémonie en se servant du matériel d'archive de la télévision ; il passe les images au ralenti en un funèbre défilé de têtes. Tous les responsables de l'État et des partis sont là : Moro n'était-il pas à l'origine d'un rapprochement des démocrates-chrétiens et des communistes ? Tous les dignitaires semblent accablés par leur impuissance, leur lâcheté ou leur hypocrisie – Leonardo Sciascia ne s'y était pas trompé – plus que par la disparition du leader assassiné. Métaphoriquement, dans la dernière image du film, Aldo Moro n'est pas un cadavre ; c'est un homme libre qui, au petit matin, un manteau jeté sur son survêtement de détenu, parcourt les rues du quartier où il était séquestré.
Marco Bellochio, après «Le Sourire de ma mère», confirme son choix d'un cinéma davantage enraciné dans des problèmes de société et lié à l'expérience contemporaine. «Buongiorno, notte» marque une nette évolution vers un cinéma de facture subtilement classique. Aidé par son chef opérateur, Pasquale Mari – déjà présent dans l'opus précédent, après la longue collaboration avec Giuseppe Lanci –, il baigne son film dans une lumière aux couleurs feutrées où dominent les tons d'ocre et de bronze, donnant à l'image une sorte de tonalité mortuaire pour cette chronique d'une mort annoncée. Il scrute ses personnages en gommant tout effet insistant ; il cerne les individualités au plus près, en gros plans, des détails qui finissent par devenir suffocants. Il oppose des jeunes qui s'accrochent à leurs certitudes – sans aucune marge de manœuvre, sans le moindre espace ouvert à l'imagination – à un vieil homme d'abord entrevu au fond de sa cellule, avant qu'il ne prenne une place grandissante à l'image. Force du comédien (Roberto Herlitzka), mais aussi force du personnage qui peu à peu impose sa morale sensible. En Brigadiste inquiète, Maya Sansa (protagoniste de «La Nourrice») est remarquable : elle rend crédible le rêve de la fuite du prisonnier, et fait sentir la profonde schizophrénie de tout extrémisme dans la perte du sens de la réalité. Après «Nos meilleures années», Luigi Lo Cascio, en Brigadiste déterminé à accomplir jusqu'au bout la mission qui lui est confiée, confirme son immense talent et sa capacité à donner vie à des personnages singuliers, auxquels il confère toujours l'épaisseur du vécu.

Jean A. Gili
Positif

Or c'est justement ce regard très personnel du cinéaste qui transfigure «l'affaire». Nulle théorie ici (Qui a vraiment voulu tuer Aldo Moro ? Qui cela arrangeait-il ?), nulle enquête ou contre-enquête, nulle adaptation mélodramatique avec arrière-fond social. C'est une tragédie en (quasi) huis clos (l'appartement où Moro est retenu prisonnier) où les tensions sont politiques (pouvoir et contre-pouvoir, dos à dos), mais aussi sociales (l'Italie au pied du mur), religieuses (Moro, victime, exécuté, et c'est l'image christique qui se superpose – bouc émissaire, messie assassiné) et psychanalytiques (l'image d'un père à la fois bon et nuisible, dont il faudrait se débarrasser). Toutes ces pistes seulement suggérées, esquissées, finement tissées entre elles, finissent par rendre cette chronique d'un enlèvement (appuyée sur les souvenirs de la véritable geôlière de Moro) à la fois fascinante et bouleversante. Au sein de la fiction qui s'installe, une télévision sert aussi de contrepoint en nous montrant les images des JT de l'époque, mais retravaillées par le cinéaste, dans le rythme et dans la tonalité des couleurs. Nous voilà ainsi pris au piège : spectateurs d'un film qui réclame attention et sensibilité pour nous parler de l'état du monde, d'hier à aujourd'hui, en passant par nos propres faiblesses d'êtres humains. On ne voudrait pas employer trop facilement de grands mots, mais la force de «Buongiorno, notte» ressemble bien à celle des chefs-d'œuvre.

Philippe Piazzo
Aden

Huis clos oblige, l'affrontement idéologique attendu passera au second plan. Ni ostensible ni impétueuse, la lutte restera sourde, enfouie. Elle émerge d'abord dans le propre camp des ravisseurs, avec la brève échappée d'un des membres du commando, Ernesto, qui trahit la cause en courant rejoindre sa bien-aimée. Quand le désir est plus fort que la conscience politique… Mais la guerre intestine viendra surtout de Chiara (la belle Maya Sansa), la seule femme du groupe. C'est aussi le seul personnage qu'on suit à l'extérieur, signe

de son aveuglement moindre. Elle est tiraillée, se débat avec elle-même et finit par se dresser courageusement contre la condamnation à mort.
Tout le monde est ici en prison, Moro comme ses ravisseurs. Tous sont les otages d'une situation qu'ils sont incapables de maîtriser et de débloquer. Le nerf du film, c'est l'empêchement, l'asphyxie et les percées indispensables pour ne pas sombrer. Tout tourne de fait, dans cet appartement sombre, autour du «placard» aménagé pour le détenu. Cette construction à la fois rudimentaire et compliquée vaut toutes les analyses. Pour accéder à Moro, il faut le mériter, s'agenouiller, se frayer un chemin à travers la bibliothèque. On tombe alors dans un sas aux allures de confessionnal : c'est là que Mariano et Primo, les plus durs, enfilent et retirent la cagoule, là aussi qu'on souffle et qu'on pleure – cette scène magnifique où Chiara ne peut réprimer ses larmes à la lecture de la lettre de Moro adressée au pape. Moro, lui, est au fond, dans le réduit, il ne bouge pas, il reste le même, entier, presque imperturbable. Aucune révolte chez lui, aucun cri, ce cri qui aurait pu le sauver, lorsqu'un prêtre et un enfant de chœur passent de manière impromptue dans l'appartement.

Jacques Morice
Télérama

L'image est belle, classique, intemporelle, on parle beaucoup, peut-être trop, mais s'installe bientôt un climat prenant, surgissent des réminiscences puissantes, à la fois décalées et recadrées par la distance, le souvenir, la perte des illusions. L'appartement est une grotte, un gouffre sombre, presque onirique, la réalité y affleure par la télévision qui crache sans cesse les informations d'époque. Sur l'écran, des fantômes, des fantoches s'agitent, policiers, politiciens, ecclésiastiques. On voit ainsi le pape, le vrai, et puis le même joué par un acteur, ce tremblement est troublant. Comme l'est l'interprétation extraordinaire du comédien qui incarne Aldo Moro (Roberto Herlitzka). Il fausse presque le jeu, si fragile, si humain…
Mais, au fait, pourquoi ce film aujourd'hui ? C'est loin tout ça, les «années de plomb», les Brigades rouges, un quart de siècle ? Pas seulement parce que Marco Bellochio a pour lui la légitimité de ses engagements de jeunesse, lui dont les films vers 1968 avaient pour titre «La Chine est proche» ou «Vive le 1er mai rouge», mais parce que depuis quelque temps, en Italie, un universitaire, un économiste, un policier ont été assassinés et que la vieille signature est revenue, parce que depuis quelque temps, ici ou là en Europe, des lettres piégées ont été déposées et qu'elles semblent être les pétards assourdis d'une révolution morte. Plus intimement, «Buongiorno, notte» parle de la jeunesse, de la vieillesse aussi, ni tout à fait bonnes, ni tout à fait mauvaises l'une et l'autre, et de la mort du père, désirable sans doute : un des Brigadistes est joué par le fils de Marco Bellochio, Pier Giorgio…

Danièle Heymann
Marianne

Quand les yeux de Chiara se dessillent, elle réalise que rien ne sépare Aldo Moro des résistants qui attendent leur exécution dans les geôles nazies. Qu'en revanche seul le pouvoir de l'imagination sépare la conclusion tragique de l'enlèvement d'une autre issue, qui ferait droit à l'humanité. Ce cheminement, Marco Bellochio l'accomplit en cinéaste. Pour un film qui se déroule essentiellement dans un appartement impersonnel, «Buongiorno, notte» déploie un luxe de moyens extraordinaire. Alors que son précédent film, «Le Sourire de ma mère», était un monochrome étouffant, «Buongiorno, notte» passe sans arrêt de l'ombre à la lumière, de l'immobilité carcérale au mouvement. Autant qu'un scénario d'une rigueur remarquable, ces alternances de mise en scène font naître l'émotion propre au film.
Un dernier mot sur deux séquences, les seules qui éloignent le film des Brigadistes : l'une montre une séance de spiritisme dans un salon romain où des membres de la bonne société (on reconnaît parmi eux Bellochio, avachi sur un canapé) demandent à un médium de les aider à retrouver Moro ; un esprit nommé Bernardo situe le dirigeant démocrate-chrétien sur la lune – à l'époque, Bernardo Bertolucci avait déserté le terrain politique pour tourner «La Luna» ; d'autre part, au Vatican, un acteur pas très ressemblant incarne Paul VI, qui refuse comme le lui a demandé Moro, d'intercéder auprès des dirigeants italiens afin d'ouvrir des négociations. Par deux fois, Bellochio retrouve le style violent et sombre du «Sourire de ma mère», comme pour dire que, s'il faut solder une fois pour toutes, par le deuil et par l'imagination, les défaites d'hier, il reste des raisons de se mettre en colère.

Thomas Sotinel
Le Monde

Retour à Kotelnitch

The Soul of Man

RETOUR À KOTELNITCH
EMMANUEL CARRÈRE

Journaliste et écrivain, Emmanuel Carrère est l'auteur de plusieurs romans dont *La Classe de neige* et d'un magnifique et inclassable livre sur Pierre Romans, intitulé *L'Adversaire*. Le cinéma, via Claude Miller et Nicole Garcia, s'est déjà emparé de ses écrits, mais il empoigne lui-même pour la première fois une caméra, partant en Russie, pays de ses ancêtres, afin d'y réaliser un documentaire sur un prisonnier de guerre hongrois. Le film commence par la troisième visite du réalisateur à Kotelnitch : son guide et lui y retournent pour accompagner le deuil de la famille d'Ania, jeune femme rencontrée quelques mois plus tôt et qui vient d'être assassinée, ainsi que son bébé. Remontant l'histoire jusqu'à la première rencontre avec Ania dans une boîte de nuit – les images, tournées en mode infrarouge donnent aux protagonistes des allures de fantômes –, tissant le fil d'une vie fragile dans la Russie d'aujourd'hui, constatant l'irréparable et incompréhensible perte (un fou serait l'auteur du meurtre), «Retour à Kotelnitch» est à la fois un documentaire social et un journal intime qui permet de croiser de formidables «personnages». Sauf que tout est vrai : les invectives de la mère d'Ania envers le cameraman – «Arrête de filmer, Philippe !» –, le pouvoir qu'a le cinéma de faire revivre les morts, l'absurdité de l'existence ici comme partout, le chagrin et la vodka.

THE SOUL OF A MAN
WIM WENDERS

L'âme d'un homme, semble dire Wim Wenders, l'âme d'un peuple, le peuple noir américain, c'est le blues. Sacré, profane, déchirant, engagé, le blues a ses héros méconnus, oubliés, immortels. Wenders, dans une sorte d'enquête sentimentale et musicale, se lance à la rencontre de trois d'entre eux, trois bluesmen qui ont enregistré entre 1920 et 1960 : Skip Jones, Blind Willie Johnson et J.-B. Lenoir. Ils ne se sont jamais rencontrés (sauf dans le film de Wenders), ont un moment été célèbres avant de mourir dans la misère… Le temps pour Wenders se dilate et s'abolit, l'autorisant à se lancer dans l'illusion sans trahison, avec une habileté et une liberté étonnantes. Des images d'archives rares et émouvantes s'enchaînent ainsi avec des scènes d'ambiance tournées aujourd'hui dans un noir et blanc nostalgique – un ton, un grain d'époque –, des musiciens modernes, et non des moindres, de Lou Reed à Cassandra Wilson, de Beck à Marc Ribot, donnent leurs versions vives mais jamais iconoclastes de quelques titres phares des trois élus de Wenders. «The Soul of a man» : un magnifique départ pour la série de sept films initiée par Martin Scorsese et titrée sobrement «The Blues».

La Route de Memphis

Du Mali au Missisipi

LA ROUTE DE MEMPHIS

RICHARD PEARCE

Deuxième volet de la collection «The Blues», «La Route de Memphis» rend hommage au grand guitariste B. B. King et à la ville mythique où plongent les racines de cette musique.

Classique dans sa forme (un sobre montage d'images d'archives et d'images actuelles, d'extraits musicaux et des entretiens), le film de Richard Pearce donne la parole à des personnages étonnants comme les musiciens Bobby Rush, Ike Turner et Rosco Gordon ou le producteur blanc inventeur du Rockabilly, Sam Phillips.

DU MALI AU MISSISSIPI

MARTIN SCORSESE

Producteur de la série de sept films sur le blues, Martin Scorsese, après Wim Wenders et Richard Pearce «La Route de Memphis», s'y colle et ne choisit pas la tâche la plus facile. Son fil conducteur est le jeune bluesman Corey Harris : sur les traces africaines du blues au Mali, il rencontre Salif Keita, Ali Farka Touré et quelques autres figures de la musique africaine pour illustrer le titre français de son opus et remonter aux racines de la musique du delta. Évidemment, le son et le rythme sont là et bien là. Il y a aussi les images d'archives où John Lee Hooker fait merveille. Le tout est un peu alangui, étiré, sans lien souterrain évident. On ne peut pas dire que Scorsese tire la couverture à lui, on aurait apprécié un peu moins d'humilité.

L'ÉTRANGE MONSIEUR PEPPINO

MATTEO GARRONE

Valerio (Valerio Foglia Manzillo), joli jeune homme, entre au service d'un taxidermiste, Peppino (Ernesto Mahieux), moche, petit et vaguement mafieux... Après «Ospiti», un docu-fiction sur l'immigration clandestine albanaise en Italie, le cinéaste, remarqué par Nanni Moretti, signe un road-movie esthétisant. Tout paraît forcé, à commencer par l'attirance qu'éprouve l'étrange Monsieur Peppino pour le fils qu'il s'est choisi et qui, fatalement, lui échappe.

DEMI-TARIF

ISILD LE BESCO

Court film (62 minutes) tout en murmures et en délicatesse, que l'on devine autobiographique. La jeune comédienne Isild Le Besco saisit trois enfants sans père qu'une mère absente abandonne à leur sort, pas triste, sans être vraiment gai. Les gamins de onze, neuf et six ans resquillent au cinéma. Ils tentent d'éviter l'école en sortant, la nuit, pour attraper la crève. Et se nourrissent tant bien que mal de cacao en poudre à la lumière de bougies, puisque l'électricité a été coupée. Un commentaire chuchoté par la réalisatrice replace ces mômes, inconscients du danger, dans la cruauté de l'abandon.

The Agronomist

Le Maître du jeu

Les Mains vides

RRRrrrr !!!

In America

Gothika

Uzak

UZAK
NURI BILGE CEYLAN

Un photographe dont le regard trop lucide ne capte plus que le gris de sa vie voit débarquer chez lui, dans son petit appartement d'Istanbul, un cousin chômeur. Le jeune homme veut trouver du travail sur un navire en partance, sauf que les grands bateaux rouillés restent à quai. Les aléas de cette cohabitation forcée sont traités sur le mode d'un humour laconique. Des chaussures malodorantes deviennent pommes de discorde, des pièges à souris se révèlent inopérants… Nuri Bilge Ceylan est totalement aux commandes de ce très beau film humaniste et désenchanté, il en est le scénariste, le réalisateur, le chef opérateur, le producteur ; il rend perceptible, sensible, cette solitude à deux en de longs plans séquences dans des paysages figés de neige sale. Peu à peu, on se laisse gagner par cette mélancolie résignée, la vie est là, lente et violente. Le film a reçu au festival de Cannes 2003 le Prix du jury et un double prix d'interprétation pour Muzaffer Ozdenir et Mehmet Emin Toprak. Un prix d'interprétation à demi posthume, Mehmet est mort peu après le tournage…

NOWHERE IN AFRICA
CAROLINE LINK

1937, en Allemagne, les Nazis sont au pouvoir. Walter Redlich, juif, fils de bonne famille et avocat, persuadé que les choses ne peuvent que s'aggraver, est parti «en éclaireur» au Kenya où il travaille dans une ferme. Il vient d'obtenir des autorités locales l'agrément pour faire venir son épouse, Jettel, et leur fille, Regina. Ces dernières, après un très long voyage, arrivent donc le 20 avril 1938 – jour de l'anniversaire du Führer – au milieu de nulle part, à Rongai, en Afrique. Pour la fillette (Lea Kurka), le bonheur est total, immédiat : à peine sortie de la voiture, elle se jette dans les bras du cuisinier noir, Owuor (Sidede Onyulo), et cette amitié fulgurante et réciproque ne fera que croître au fil des ans. Conquise par les animaux, la langue, les rites et les croyances de son pays d'adoption, elle ne tarde pas à s'immerger dans la culture kenyane. Pour Jettel (Juliane Köhler), en revanche, rien ne va de soi. Même si ce nouveau monde lui semble magnifique, il n'est pas le sien et ne le sera jamais. Sa mère et sa sœur, restées à Berlin, lui manquent ; elle n'a décidément pas l'âme d'une fermière et ses disputes avec son mari sont constantes… Adapté d'un best-seller autobiographique de Stefanie Zweig, «Nowhere in Africa», Oscar du Meilleur Film Étranger en 2003, est une bonne surprise. Le récit est élégant, le propos est juste et fouillé, les acteurs formidables et les paysages d'une beauté époustouflante.

21 GRAMMES
ALEJANDRO GONZALES IÑARRITU

Citation du prologue : «On dit que nous perdons tous 21 grammes au moment même où nous mourons. 21 grammes : est-ce le poids de notre âme ou le poids de la vie ?» Trois ans après «Amours chiennes», révélation de la Semaine de la Critique à Cannes 2000, le cinéaste, émigré en Amérique, reprend à peu près le même thème : un accident – un enfant écrasé par un chauffard – réunit le destin d'êtres disparates, qui ont en commun, cependant, la même inquiétude et la même insatisfaction. Paul (Sean Penn), séparé de sa femme (Charlotte Gainsbourg), attend une transplantation cardiaque. Jack (Benicio del Toro) est un fou de Dieu, devenu criminel involontaire. Cristina (Naomi Watts) est la mère qui cherche vengeance auprès de celui qui aura reçu le cœur de son enfant. L'histoire nous est racontée en zigzags douloureux : on ressent d'abord, on comprend après. Nulle coquetterie dans cette démarche. Il s'agit, au contraire, d'aller au plus vite et au plus près des personnages. D'absorber toutes leurs contradictions et leurs misères avec un regard empreint d'une compassion à la Dostoïevski. Trois comédiens formidables (Sean Penn, surtout, aussi juste ici qu'il peut être cabotin ailleurs) rendent pitoyables et démesurés ces trois êtres, ravagés de douleur et de remords.

L'EFFET PAPILLON
ERIC BRESS ET J. MACKYE GRUBER

La mémoire d'Evan (Ashton Kutcher) a toujours comporté de larges lacunes. D'inquiétants trous noirs, souvent provoqués par un choc émotionnel, l'empêchant depuis longtemps de rassembler certains souvenirs douloureux. Ayant depuis l'enfance consigné sur papier ses faits et gestes quotidiens, il découvre qu'en relisant ses notes, il peut se transporter à nouveau dans son passé pour en changer le cours. Hélas, ses tentatives pour modifier celui-ci se retournent invariablement contre lui et contre ceux qu'il aime ou a aimé. Sur le principe d'un changement apparemment anodin entraînant d'imprévisibles et dramatiques conséquences, les deux scénaristes cinéastes tissent une toile délétère entre passé et présent. Mais à trop retarder la mise en place de cet «effet papillon» (qui n'apparaît qu'au bout de trois quarts d'heure), ils affadissent cette narration plutôt originale.

JARDINAGE À L'ANGLAISE
JOEL HERSHMAN

Après le chapeau melon, le sandwich au concombre et la relève de la garde, la comédie sociale est en passe de devenir l'une des spécialités culturelles de l'Angleterre. Un doigt d'empathie, un zeste de causticité, un soupçon de second degré : la formule est désormais déposée.

Dix-sept ans

L'Incruste

Cette histoire (véridique) de prisonniers embarqués (Clive Owen en tête) dans un programme de réhabilitation visant à les transformer en de gentils jardiniers se déguste, s'apprécie et s'oublie aussi vite qu'une tasse de thé.

L'INCRUSTE

CORENTIN JULIUS ET ALEXANDRE CASTAGNETTI

Ce premier film renoue avec la comédie pour tandem mal assorti, façon Gérard Lanvin/Michel Blanc dans «Marche à l'ombre» ou Gérard Depardieu/Pierre Richard dans «La Chèvre». Malheureusement, si la recette a bien souvent fait ses preuves, rien, ici, ne parvient à la remettre au goût du jour. Et sûrement pas l'amour improbable du héros naïf (Frédéric Diefenthal) pour une jolie prostituée que lui a présentée son indélicat squatteur (Titoff).

DIX-SEPT ANS

DIDIER NION

Ses yeux sont d'un bleu limpide. Son sourire est lumineux. Il est encore tout pétri d'enfance. Mais, ce qui frappe dès que l'on découvre Jean-Benoît, c'est sa part d'ombre. Sur une falaise de Normandie battue par les vents, il parle de l'envie qui le prend, parfois, de sauter «les deux pieds dans le vide» et aussi du désir très fort de réussir son BEP de mécanicien et de conduire un jour un camion. Pulsion de mort, désir de vie. C'est un enfant qui a quelque chose de cassé. Une blessure irréparable... Durant deux ans et demi, Didier Nion, à travers sa caméra, a suivi, observé, questionné, ce garçon perdu. Le résultat est saisissant. Un portrait brut et bouleversant, filmé au plus près des personnages, là où se décèle l'ombre qui passe et modifie un visage. Approchant presque à la toucher la vérité de cet instant suspendu, quand on n'est pas encore tout à fait un homme mais plus vraiment un enfant et que le passage de l'un à l'autre, pourtant, est comme un gouffre infranchissable.

LES 11 COMMANDEMENTS

FRANÇOIS DESAGNAT ET THOMAS SORRIAUX

Pour cause de monde devenu trop morose, Dieu (l'acteur Dieudonné, que diable) convoque Michaël Youn et sa bande et les prie de s'exécuter : «Sur Terre retournerez et accomplirez les 11 commandements du rire.» C'est parti, en images bâclées, pour une succession de sketches inégaux dont certains arrachent en effet un éclat de rire, et d'autres un beurk de dégoût. Ces canulars, en général bêtes et méchants (inondation d'une maison, ingestion de piment rouge), inspirés par l'affligeante série américaine «Jackass» où des types s'amusent à s'imposer des défis idiots ou dangereux, ne sont pas un exemple pour les jeunes (qui adorent ça !).

SOUS LE SOLEIL DE TOSCANE

AUDREY WELLS

Trompée, déprimée et incapable d'écrire la moindre ligne, la romancière Frances Mayes (Diane Lane) va prendre un peu de repos en Toscane. Tombée amoureuse de cette belle région ensoleillée et d'une vielle bâtisse, elle s'y installe et décide d'y refaire sa vie. Il faut pouvoir apprécier les ambiances «dépliant touristique», avec leurs instantanés pittoresques et leurs images réductrices, pour trouver à cette vision américanisée de la «dolce vita» un quelconque intérêt.

DEMAIN ON DÉMÉNAGE

CHANTAL AKERMAN

Célibataire bohème, Charlotte (Sylvie Testud) tente d'écrire des romans érotiques de commande. L'invasion inopinée de son duplex par sa mère (Aurore Clément) ne va pas arranger sa panne d'inspiration. Pour être tranquille, Charlotte se replie au deuxième étage, puis l'idée de déménager s'impose, provoquant d'abord la rencontre d'un agent immobilier folklorique (Jean-Pierre Marielle), et ensuite un défilé ininterrompu et hétéroclite de candidats à la reprise du duplex. Même si l'obsession du déménagement traduit à l'évidence chez Chantal Akerman l'angoisse d'autres exils, – fallait- il vraiment que les ennuis de cuisson d'un poulet passent pour une allusion aux fours crématoires ?–, retenons plutôt qu'elle a réussi (enfin) une comédie gaie et rondement menée.

VERT PARADIS

EMMANUEL BOURDIEU

Revenu dans son village natal du Béarn pour les besoins d'une enquête sociologique sur le célibat en milieu paysan, Lucas (Denis Podalydès), trentenaire parisien, revoit deux amis d'enfance, Isabelle (Natacha Régnier) et Simon (Clovis Cornillac), jadis fiancés... Le titre baudelairien l'indique : nous sommes dans les amours enfantines ressuscitées, le gentil Lucas prétendant réunir, presque malgré eux, Isabelle et Simon. Tentatives aléatoires s'il en est, d'autant plus que la jeune femme est en réalité amoureuse de lui... Le premier long métrage d'Emmanuel Bourdieu (remarqué pour son moyen métrage «Candidature»), s'éparpille en saynètes jolies, sensibles et légèrement mièvres. Seule Natacha Régnier, frémissante et blessée, apporte la sensibilité visiblement recherchée par un cinéaste original mais encore un peu indécis.

DEAD OR ALIVE 1, 2 & 3

TAKASHI MIIKE

Trilogie atypique puisque les trois films la composant ne se répondent nullement et n'ont en commun que leurs deux interprètes principaux, Riki Takeuchi et Sho Aikawa. Un duo commun pour trois longs métrages indépendants, mettant en évidence à la fois la diversité d'inspiration de leur auteur, mais aussi les inégalités et les limites de son style. Il est permis de trouver des qualités visuelles à «DOA 1», gunfight survitaminé se déroulant dans le milieu des yakusas, qui, sans réinventer le genre, joue habilement la carte discutable de la surenchère dans la violence. Commandée à l'origine comme une suite à ce carton au box-office, «DOA 2» est une sorte de délire baroque, teinté de poésie surréaliste, sans aucun rapport avec le précédent. Deux tueurs concurrents et anciens amis d'enfance se réfugient dans une île et se consacrent à la jeunesse défavorisée. Thèmes rappelant étrangement l'œuvre de Takeshi Kitano sans que l'on ne sache jamais si ce film inclassable et attachant lui rend hommage ou s'il la parodie malicieusement. On oubliera en revanche volontiers le dernier volet, incursion inaboutie et sans conviction dans le domaine de la science-fiction.

L'HIRONDELLE D'OR

KING HU

Cinéaste phare de la période glorieuse du cinéma d'action hongkongais, King Hu est l'un de ceux qui conférèrent au wu xia pian (film de sabre et de combat chevaleresques) ses lettres de noblesse. Précédant de quelques années des chefs-d'œuvre comme «Touch of zen» ou «L'Auberge du printemps», «L'Hirondelle d'or» est un film de jeunesse à la maestria plus discrète mais tout aussi évidente. Sur une trame très classique – le fils d'un officiel est kidnappé par une bande de brigands, le gouvernement envoie sur ses traces son meilleur agent, Hirondelle d'or (Cheng Pei-pei) – le metteur en scène fait preuve d'une véritable inventivité. Transcendant le cahier de charges de ce pur produit de genre, il filme les combats avec une virtuosité impressionnante mais jamais ostentatoire. Ludique et féministe, ce long métrage datant de 1966 n'a pas pris une ride.

Le Fils de la mariée

LE FILS DE LA MARIÉE

JUAN JOSÉ CAMPANELLA

C'est une véritable euphorie que provoque ce film, par ailleurs mélancolique, sur des paumés survivants dans un pays qui ne l'est pas moins. Tel un héros de Claude Sautet, Rafael, quadragénaire débordé, prend conscience qu'il n'a pas tellement réussi sa vie. Son restaurant ? Il a du succès, bien sûr, mais quel souci de maintenir à flots une petite entreprise en Argentine ; alors Rafael est bien décidé à vendre. Il a divorcé. Il ne voit pas grandir sa fille. Il ne voit pas que sa jeune copine aimante commence à l'aimer moins. Et il n'a même plus le temps d'aller rendre visite à sa mère qui s'enfonce doucement dans la maladie d'Alzheimer. C'est Nino, son père, qui provoque le choc salutaire. Athée militant, il décide, pour faire plaisir à sa femme, de l'épouser à l'église... Une idée par scène. Des dialogues brillants. Et des personnages excentriques et chaleureux, dont le destin amuse ou émeut. Après «Historias mínimas», ça se confirme : la grande comédie italienne que les Italiens ne savent plus vraiment faire, c'est en Argentine, désormais, qu'il faut la chercher.

PROGRAMME DE CINQ FILMS COURTS

PIERRE FILMON, EMMANUEL ET OLIVIER BROCHE, HUBERT GILLET

Pierre Filmon est projectionniste dans les salles Actions du VIe arrondissement de Paris. Mais il est surtout l'auteur de trois courts métrages constituant le fil conducteur de ce programme. Sur des thèmes aussi divers que la solitude («Bleus de Chine»), le théâtre de Tchekhov («Les Épousailles») ou le thème plus risqué de la pédophilie («Le Silence d'abord»), il affirme une belle sensibilité et un amour évident du cinéma. Les deux autres films, «La vie est à moi» des frères Broche et «Lune» d'Hubert Gillet ne déparent pas la bonne tenue de ce quintet.

LAST LIFE IN THE UNIVERSE

PEN-EK RATANARUANG

Kenji (Tadanobou Asano), Japonais discret et maniaque de l'ordre vivant à Bangkok, partage sa vie entre son travail de bibliothécaire et ses nombreuses mais infructueuses tentatives de suicide. Un soir, il croise la route de Noi (Sinitta Booyasak), jeune danseuse prostituée rêvant de partir au Japon et dont la jeune sœur vient d'être renversée par une voiture. Alors que tout les sépare, ces deux paumés vont essayer de s'approcher, de s'apprivoiser. Sous l'œil bienveillant de la caméra du réalisateur de «Mon-Rak Transistor»,

Père, fils

qui pousse jusque dans la mise en scène le décalage entre les deux tourtereaux (plans carrés et froids pour Kenji, surréalisme délirant pour Noi), cette improbable histoire prend forme. Cinéaste sensible et imaginatif, il orchestre un émouvant pas de deux, joliment construit sur sa durée.

PÈRE, FILS
ALEXANDRE SOKOUROV

Deuxième volet d'un triptyque, commencé avec «Mère et fils» (1999), et que devrait suivre «Deux frères, une sœur». Dès le premier plan (très pictural, très Rembrandt), deux hommes s'étreignent, l'un très jeune (Alexeï Hejmishev), l'autre qui l'est encore (Andreï Schtetinine), l'un, très beau, l'autre, encore plus. Ce ne sont pas deux amants, mais un père et un fils, amoureux l'un de l'autre, indissociables et inséparables. Un appartement est le lieu de leurs rencontres épisodiques (le fils effectue son service militaire). Une planche, passerelle fragile, relie leur fenêtre à une terrasse, lieu privilégié de leurs jeux tendres et enfantins. La beauté de la forme (image laiteuse ou ocre) ne parvient pas à faire oublier l'incommensurable vacuité de cet exercice de style.

TURNING GATE
HONG SANG-SOO

Il y avait dans l'un des précédents films du réalisateur – «Le Pouvoir de la province de Kangwon» – deux histoires parallèles, que l'espace liait, mais que le temps séparait. Ce Coréen hyperdoué semble filmer des contes moraux rohmériens, cernés par un vide digne d'Antonioni. Ici, Guyung Soo (Kim Sang-kyung), comédien frustré d'un rôle ardemment désiré, retrouve un pote vaguement écrivain et très alcoolo. Il se fait draguer par l'amie de son ami et, en la fuyant, rencontre une autre femme qu'il ne connaît pas, mais qui semble, elle, se souvenir de lui... Impossibilité d'aimer qui vous aime, temps perdu que l'on retrouve soudain, hasards incongrus qui réunissent et séparent les êtres... «Même si c'est difficile d'être humain, essayez de ne pas être des monstres», répètent les personnages. Malgré leurs efforts, ils n'y parviennent pas.

ROCK ACADEMY
RICHARD LINKLATER

Convaincu d'être un artiste génial mais aussi maudit, le guitariste Dewey Finn (Jack Black) végète dans une médiocrité absolue, attendant une gloire hypothétique. Le hasard le propulsant professeur dans un très austère collège américain, il décide d'employer ses heures de cours à créer un groupe rock avec ses jeunes élèves. À force de ne pas choisir son camp et de jouer la carte du va-et-vient entre humour consensuel et mauvais esprit critique, le film ne trouve que sporadiquement son point d'équilibre.

ONLY THE STRONG SURVIVE
CHRIS HEDEGUS ET DON ALAN PENNEBAKER

Avec son complice Chris, le réalisateur de deux films cultes, «Dont look back» avec Bob Dylan et «Monterey Pop», interviewe des vedettes de soul music. Pas de révélations fracassantes, ni de grande vision des années 1970 et 1980. Juste quelques témoignages chaleureux : Wilson Pickett, vif et vachard, Isaac Hayes («Shaft»), lucide et emporté. Ça parle, ça chante. Les fans nostalgiques sont à la fête.

LE CERF-VOLANT
RANDA CHAHAL SEBBAG

Un cerf-volant s'élève dans les airs, il est libre, il traverse comme il veut cette frontière imbécile qui sépare Israël du Liban. Depuis son mirador, un jeune soldat israélien contemple Lamia (Flavia Bechara), promise à un cousin qui vit de l'autre côté de la frontière... Le message, par moments asséné de façon démonstrative, est vivifié par la présence de toutes ces femmes. Mère, tante, sœurs, cousines de l'héroïne hurlent des menaces et des insultes contre toutes les formes d'oppression qu'elles subissent. Avec une truculence qui fait oublier tous les échecs. Drôles, ardentes et douloureuses, elles sauvent le film d'une cinéaste au regard généreux, mais à la main lourde.

MILLE ET UN JOURS
FRÉDÉRIC LAFFONT

Le petit lanceur de pierres de Gaza frime, le jour, devant les chars, mais, la nuit, fait pipi au lit, tant il a peur. La jeune fille qui s'en allait danser dans la discothèque de Tel Aviv est morte : elle était ceinture noire de judo, dit son père, effondré. Mais comment se défendre contre un kamikaze suicidaire ? Frédéric Laffont est un éminent documentariste. C'est aussi un conteur qui sait parer d'émotion le drame que vivent en permanences les victimes innocentes. Une voix de femme, celle de Danièle Douet, commente ces histoires tragiques où l'espoir se faufile comme par inadvertance.

ÉCRIVAINS SANS FRONTIÈRES, UN VOYAGE EN PALESTINE
SAMIR ABDALLAH ET JOSÉ REYNÈS

Répondant à l'appel du poète palestinien Mahmoud Darwiche, une délégation d'écrivains originaires du monde entier se rend en Palestine, «ce pays qui n'existe pas», comme le leur fait remarquer un soldat israélien au début de leur voyage. Un documentaire plutôt mesuré, bien que partisan, à l'écart de toute surenchère idéologique, donnant la parole à tous ceux qui, de part et d'autre de la frontière, militent pour une issue pacifique à ce terrible conflit.

La vie est un miracle

Quatrième trimestre

AVRIL

La Grande Séduction

MAI

Broken Wings

JUIN

Vénus et Fleur

CAPTURING THE FRIEDMANS
ANDREW JARECKI

Chez les Friedmans, l'image a toujours beaucoup compté. Il existe donc de nombreuses traces, fixes ou mouvantes, de la vie de cette famille de Long Island. Une vie simple, normale, heureuse. Jusqu'à ce jour de 1987, où, coup de tonnerre, la police fait irruption dans la maison, la retourne de la cave au grenier et arrête M. Friedman pour détention de revues pédophiles. Très vite, les choses s'aggravent encore. De nombreux enfants du quartier, qui prenaient avec eux des cours d'informatique, accusent Arnold et son plus jeune fils, Jesse, d'attouchements sexuels et de viols. Les inculpés nient, la mère et les deux frères essaient de comprendre. L'équilibre se lézarde, la famille se désagrège. Et David, le fils aîné, continue de filmer... En parallèle de ces images de «home movie» troublant – n'importe qui baisserait la caméra devant la catastrophe ! –, Andrew Jarecki monte les témoignages des membres de la famille, des avocats, du juge et des policiers parties prenantes dans l'affaire. «Capturing the Friedmans» est un film dérangeant et passionnant sur la vérité. Les vérités, devrait-on écrire. Car il y a autant de versions d'une histoire qu'il y a de gens pour la raconter. Vertige.

PETITS MEURTRES D'AMÉRIQUE
ROBERT MORIN

Une vieille dame est assassinée et un jeune Noir est suspecté. Catalogue de givrés en tout genre (fêtards avinés, flics obtus, etc.) pour une chronique de la haine ordinaire, avec accent québécois, mais sans grand intérêt, hélas.

LE COMA DES MORTELS
PHILIPPE SISBANE

Sur le point d'être guillotiné pour atteinte à la sûreté de l'État, un jeune homme qui crie son innocence aperçoit son jumeau. Éminent biologiste, Jean-Baptiste (Alexandre Cross) est venu recueillir la tête de son frère pour tenter de lui redonner vie... On se plaint, souvent, du mépris des jeunes cinéastes pour les films de genre. Voici un moyen métrage où Philippe Sisbane s'essaie brillamment au fantastique. Aux effets spéciaux, il a constamment privilégié l'ambiguïté. Dans les sentiments, où il s'attache aux rapports du héros avec la femme de sa vie (Marie Riva) et son étrange assistant (Alexandre Zeff). Dans les décors qui évoquent l'univers de Georges Franju. Enfin, lors d'une mise à mort sèche et brutale, le réalisateur semble avoir retenu le conseil d'Alfred Hitchcock : filmer un meurtre comme une caresse.

Espion mais pas trop

ESPION MAIS PAS TROP
ANDREW FLEMING

Vingt-cinq ans après «Ne tirez pas sur le dentiste» d'Arthur Hiller, avec Peter Falk et Alan Arkin, en voici le remake par Andrew Fleming, qui en fut le scénariste à l'époque. Le dentiste est devenu un podologue rangé et sinistre (Albert Brooks), dont la vie va être bouleversée par l'intrusion d'un agent de la CIA (Michael Douglas) suite à la rencontre de leurs enfants, qui veulent se marier. D'où une série d'aventures rocambolesques. Surenchères trépidantes, outrance systématique... Les vagues sourires du début se transforment vite en bâillements.

LE P'TIT CURIEUX
JEAN MARBŒUF

Cet enfant du titre, Clément (Milan Argaud), qui n'arrête pas de poser des questions, de se poser des questions, de courir après le bonheur, qui bute sans cesse sur la laideur, l'horreur même, mais ne s'en offusque pas, ce pourrait bien être Jean Marbœuf lui-même. Jamais où on l'attend, grand mélangeur de genres, une carrière qui musarde, qui grince, qui gratte («Vaudeville», «Pétain»), et ce «P'tit Curieux» maintenant, bien plus culotté encore que son cousin d'hier «P'tit Gibus», dans «La Guerre des boutons»... Il a neuf ans. C'est à travers ses yeux que l'on voit le monde, celui des adultes dans cette petite ville de province. Et ce n'est pas forcément beau à voir. Tout le monde est bizarre, à commencer par sa mère, avec ses rituels trop tendres (Julie Marbœuf), ou la vorace volaillère (Andréa Ferréol), ou le confident de Clément, le libraire «qui aime Oscar Wilde» (Jean-Claude Dreyfus), ou encore l'énigmatique inspecteur de police (Alain Bashung). Armé de son appareil photo et de son insatiable curiosité, Clément va saisir beaucoup de choses qui ne regardent pas les petits garçons. Des choses de sexe et de sang. Mais c'est ainsi, selon Jean Marbœuf, que l'on devient grand.

The Punisher

NOTRE MUSIQUE
JEAN-LUC GODARD

Sans invoquer Dante, le film est divisé en trois chapitres – l'enfer, le purgatoire, le paradis –, d'inégale durée. Le purgatoire dure plus longtemps, comme s'il existait sur la Terre. Dieu n'a rien à voir dans tout cela. On commence par l'enfer, un collage, un carnage de huit minutes, reprenant le dispositif étrangement émouvant – collisions, superpositions, associations – d'«Histoires du Cinéma». Des guerres de cinéma mêlées au cinéma de guerre, fragments, fragmentation, le noir et blanc des reportages, des vieux films, la couleur du feu, du sang. La séquence est muette mais sonore, musicale. Puis on est au purgatoire, à Sarajevo, ville martyre parmi d'autres. S'y sont déroulées les Rencontres européennes du livre à l'automne 2002. Prétexte à conversations, à déclarations. On parle beaucoup, c'est intelligent, très. Pas toujours intelligible. Israël, la Palestine. Sur ce chapitre, il y a chez Godard, si l'on ose dire, des flous péremptoires. Voici enfin le paradis. Au paradis de Godard, quelques Marines de l'armée américaine pêchent à la ligne, de l'eau vive chante en cascadant dans le lit d'un torrent, une jeune kamikaze dont la sacoche supposée pleine de bombes ne contenait que des livres a trouvé la paix, une intense sensation d'irréalité émane de l'insolente et paisible beauté de la nature, la vérité est ailleurs.

THE PUNISHER
JONATHAN HENSLEIGH

Grand bandit international, John Travolta se venge d'un ex du FBI qui a tué son fils (c'est long et ennuyeux). Puis Franck Castle (Tom Jane) se venge à son tour. Comme il ourdit plein de machinations farfelues, on s'amuse (un peu). Inspiré par une BD célèbre, le film, très violent, devient vraiment bien lorsqu'il frôle le burlesque avec l'arrivée d'un tueur guitariste aux ongles peints. Ou l'homérique bagarre du héros avec un Russe colossal, habillé en petit marin.

Qui perd gagne

Five

10 on Ten

QUI PERD GAGNE
LAURENT BÉNÉGUI
Si le monde des fous du jeu, qui ne jurent que par les cartes, la roulette et les martingales, vous est étranger, il y a un certain plaisir, dans la première moitié du film, à y pénétrer sur les pas de Thierry Lhermitte et de son amoureuse, Elsa Zylberstein – il est joueur, elle est inspectrice à la brigade des fraudes. Un brave type ayant gagné deux fois de suite au loto, les deux vont s'allier pour trouver la faille. À partir de là, tout étant très prévisible, le spectateur attend patiemment le dénouement, pour savoir s'il a vu clair dans le jeu des scénaristes…

LA VALSE DES GROS DERRIÈRES
JEAN ODOUTAN
Il est scénariste et réalisateur. Mais aussi acteur (il interprète, ici, un affreux macho). Producteur. Compositeur. Et organisateur dans son Bénin natal d'un festival de cinéma itinérant. Modeste et fier de l'être, Jean Odoutan se proclame, d'ailleurs, «le réalisateur béninois le plus connu de la planète Terre». Pas faux. Pour son quatrième film (après «Barbecue-Pejo», notamment), il décrit la vie de deux copines à Barbès. Et surtout, les ennuis professionnels et sentimentaux d'Akwélé, surnommée «l'antilope incommensurable ». La verve de l'actrice – Mata Gabin : quel patronyme ! – est incommensurable, en effet. La rage du réalisateur aussi. Appel à tous les Noirs à se révolter contre leurs prisons intérieures, le film charrie le pire et le meilleur avec une insolence à la Mocky.

LES YEUX SECS
NARJISS NEJJAR
On l'a enfermée par hasard. On la délivre, par hasard, vingt-cinq ans plus tard. Espérer une quelconque logique au Maroc relève de la déraison pure. Accompagnée d'un homme tendre et doux, Mina (Raouia) revient dans son village. N'y vivent que des femmes. Les plus vieilles survivent dans des grottes aux alentours. Les plus jeunes se prostituent. Le village est devenu un gigantesque bordel que dirige une jeune femme, la fille de Mina, qui, murée dans sa haine, contraint ses compagnes à s'humilier davantage... C'est le premier film de Narjiss Nejjar. Elle y dit bien des choses passionnantes sur la violence faite aux femmes – parfois par les femmes. Et la violence faite à son Maroc bien aimé, menacé par un intégrisme grandissant. Il s'agit donc de se battre pour faire naître l'espoir. Et tant pis si, comme dit l'un des personnages, «l'horreur a toujours la même couleur. Elle ne déteint jamais.»

13 À LA DOUZAINE
SHAWN LEVY
Tom Becker (Steve Martin) et son épouse Kate (Bonnie Hunt) ont une progéniture riche de douze enfants. Sept garçons et cinq filles qui jouent, se disputent, rigolent, font la tête ou de grosses bêtises. Quand soudain Madame doit s'absenter alors que Monsieur doit gérer l'équipe de football dont il est l'entraîneur, la famille risque bien d'exploser... Le livre, best-seller pour enfants paru à la fin des années 40, était situé dans les années 20. Le film, plat et illustratif, réactualise les préoccupations de chacun. Mais alors que jadis la maman travaillait – pour des raisons économiques évidentes –, en 2004, Mme Becker, femme au foyer, écrit pour se distraire un livre autobiographique !

10 ON TEN
FIVE
ABBAS KIAROSTAMI
«Ten», le précédent film de l'auteur du «Goût de la Cerise», se déroulait dans l'espace clos d'une voiture. Ce fut pour l'occasion pour le cinéaste iranien de resserrer son travail autour de partis pris techniques et stylistiques, sur lesquels il revient dans «10 on ten», exercice apparenté au making of. Le réalisateur y détaille en dix points primordiaux sa démarche créative, explicitant la valeur du plan fixe, de l'espace confiné, l'apport du numérique, l'absence de mouvement de caméra, l'importance des repérages, de la musique et surtout le recours aux comédiens non professionnels. Une leçon de cinéma passionnante et fort bien argumentée.
Après la théorie, la pratique : «Five», second volet de ce diptyque est un essai formel et conceptuel, composé de cinq plans séquences fixes de plus de 10 minutes chacun. Aucune action à proprement parler, juste un regard se prolongeant sur divers panoramas. Une expérience exigeante mais jamais futile, où le spectateur, privé de toute notion de narration, apprend à recomposer de manière purement émotionnelle le film qu'il est en train de découvrir.

La femme est l'avenir de l'homme

Le Rôle de sa vie

Wild Side

Clara et moi

Illumination

Kill Bill : volume II

netteme
les coul
résultat
tion, c'e
grand ci
et sur l'a
Pedro, l
sormais
Jean Se
Le Daup

Moins s
rence, p
d'une n
ne le lâc
où à au
deviner
dessiné
sommet
oser par
effet, A
spectat
confon
amants,
l'histoire
Montiel

La Mauvaise Éducation

Pedro Almodovar

Tout est fiction. Le désir comme le rêve. Et Almodovar joue avec les deux. Tout est faux, mais rien n'est plus vrai. Son adolescence dans un collège religieux (premières amours homosexuelles, attouchements consentis entre enfants, abus de la part des adultes). Sa gloire au cinéma (le héros est un metteur en scène qui retrouve un ami d'enfance, devenu scénariste et acteur). Son refuge dans les salles obscures où éclatent sur l'écran les passions tues dans la rue (femmes starifiées devenant des images modèles pour garçons en mal de féminité). Jusqu'au nécessaire dérapage hors de la «normalité» admise par le franquisme : travestissement, drogue, musique rock et transgression en tous genres, Almodovar répète qu'il a mis dix ans à écrire ce scénario. Sans doute pas à cause de la trame, qui utilise une structure en poupées russes et de multiples artifices que le cinéaste peaufine depuis ses débuts (l'habitué du cinéma d'Almodovar est en terrain connu, et même très connu) mais plus certainement parce qu'on y retrouve l'essence même, l'esprit de ce qui anime l'auteur de «La Loi du désir», de «Femmes au bord de la crise de nerfs», d'«Attache-moi !», de «Tout sur ma mère», de «Parle avec elle»... La pulsion érotique comme moyen de subversion. Qui peut prédire le désir de l'autre ? Et même délimiter les contours de ses propres désirs ? Almodovar fonce dans ce labyrinthe (de passions, comme l'indique le titre de l'un de ses premiers films, comme le souligne le dernier plan de «La Mauvaise Éducation»). Les histoires qu'il imagine, qu'elles soient plus ou moins autobiographiques, ne sont que des canevas. Très vite anecdotiques le plus souvent pour mieux laisser s'installer des blocs entiers de désirs enflammés. «La Mauvaise Éducation» est ainsi tour à tour une fantaisie, un drame et un film noir – et cette dernière partie est celle qui nous convainc le plus parce qu'elle fait figure de relative nouveauté chez Almodovar. Mais tout cela n'est que bûches pour nourrir un seul feu : l'attraction fatale qu'exerce Gael Garcia Bernal (découvert en 2000 dans «Amours chiennes» et protagoniste du très beau prochain film de Walter Salles, «Carnets de voyage») sur le réalisateur qui ne se lasse pas de le filmer comme un objet d'infinie rêverie érotique tel un peintre perdu dans son paysage. Resplendissant et déchu, homme puis femme, timide puis vengeur, soumis et puissant, créatif et mystificateur, le jeune acteur mexicain n'interprète pas seulement un rôle à multiples facettes, mais un pur fantasme soudain fait chair. Son image concentre tous les visages du désir. «Désir» étant aussi depuis toujours le nom de la maison de production d'Almodovar. Laquelle est ici, dans la fiction, rebaptisée «Hasard». Personne n'est pourtant plus calculateur et manipulateur qu'Almodovar. Mais si Almodovar a du génie, c'est qu'il fait passer cela pour d'incontrôlables pulsions. Un paradoxe qui fait tout le plaisir, cette fois du spectateur, incité à chercher sa propre voie dans le dédale.

Philippe Piazzo
Aden

10e chambre, instants d'audience

Raymond Depardon

172 Raymond Depardon occupe depuis 1974 une place à part dans le documentaire français, qui évolue plutôt vers une zone indéterminée au plus près de la fiction. Lui, on l'entend parfois, on ne le voit jamais dans ses films. Discrétion, timidité sans doute. Et une confiance à la fois dans l'image (la durée qu'il sait conférer aux plans), et dans la parole de l'autre. Depardon est un cinéaste de l'écoute. Ce qui est dit, et comment ce dit est dit. La texture de l'image et la texture de la voix, la relation pas toujours prévisible qui unit un visage et une voix. C'est particulièrement vrai pour les deux films qu'il a consacrés, à dix ans de distance, au fonctionnement de la justice en France : «Délits flagrants» en 1994, qui rendait compte du moment où une personne arrêtée en flagrant délit comparaît devant un substitut du procureur (qui peut décider soit d'une procédure de comparution immédiate devant le tribunal correctionnel, soit d'une convocation pour une audience ultérieure), et ce «10e chambre, instants d'audience», présenté hors compétition à Cannes. En principe la loi ne permet de filmer que des procès à caractère historique, type Barbie et Touvier, dont les images ne peuvent être diffusées que vingt ans après. Pour ces deux films, Depardon a bénéficié d'autorisations spéciales, assorties de conditions strictes. Le procès, comme tous les procès, est en lui-même une mise en scène. Le travail de Depardon et de sa petite équipe est donc la mise en scène d'une mise en scène. Depardon a joué minimal : trois positions de la caméra, qui ne bouge pas. Vers l'appareil judiciaire : la même juge (Mme Michèle Bernard-Requin qui intervenait déjà dans «Délits flagrants») est seule, ou entourée de deux assesseurs et d'un greffier ; vers le prévenu, cadré (la légère contre-plongée valorise la personne filmée, et atténue derrière elle la présence d'un avocat ou de deux gendarmes), enfin vers le procureur quand il intervient. Depardon a coupé dans les plans pour en garder l'essentiel, mais n'a jamais coupé de parole en cours.

Travail en finesse, plein de tact de respect, qui resserre le temps, mais n'altère pas la progression de l'échange. Douze prévenus, douze affaires jugées en mai et juin 2003. Banales : conduite en état d'ivresse, ou sans permis, séjour irrégulier, vol à la tire, violences conjugales, port d'arme prohibée (un Opinel dans la poche d'un sociologue), outrage à une contractuelle. Plus souvent des hommes que des femmes. Plus souvent des pauvres que des riches. La justice est cadrée en robe noire dans ses meubles (chêne ciré, lampe de cuivre), le prévenu est cadré debout, derrière lui un mur nu.

La juge est évidemment au cœur du film. Fascinante, souvent plus pédagogue que magistrate. Calme, parfois malicieuse mais pas méchante, elle a la présence d'une grande comédienne. Elle interroge, elle accuse, elle commente. À l'évidence,

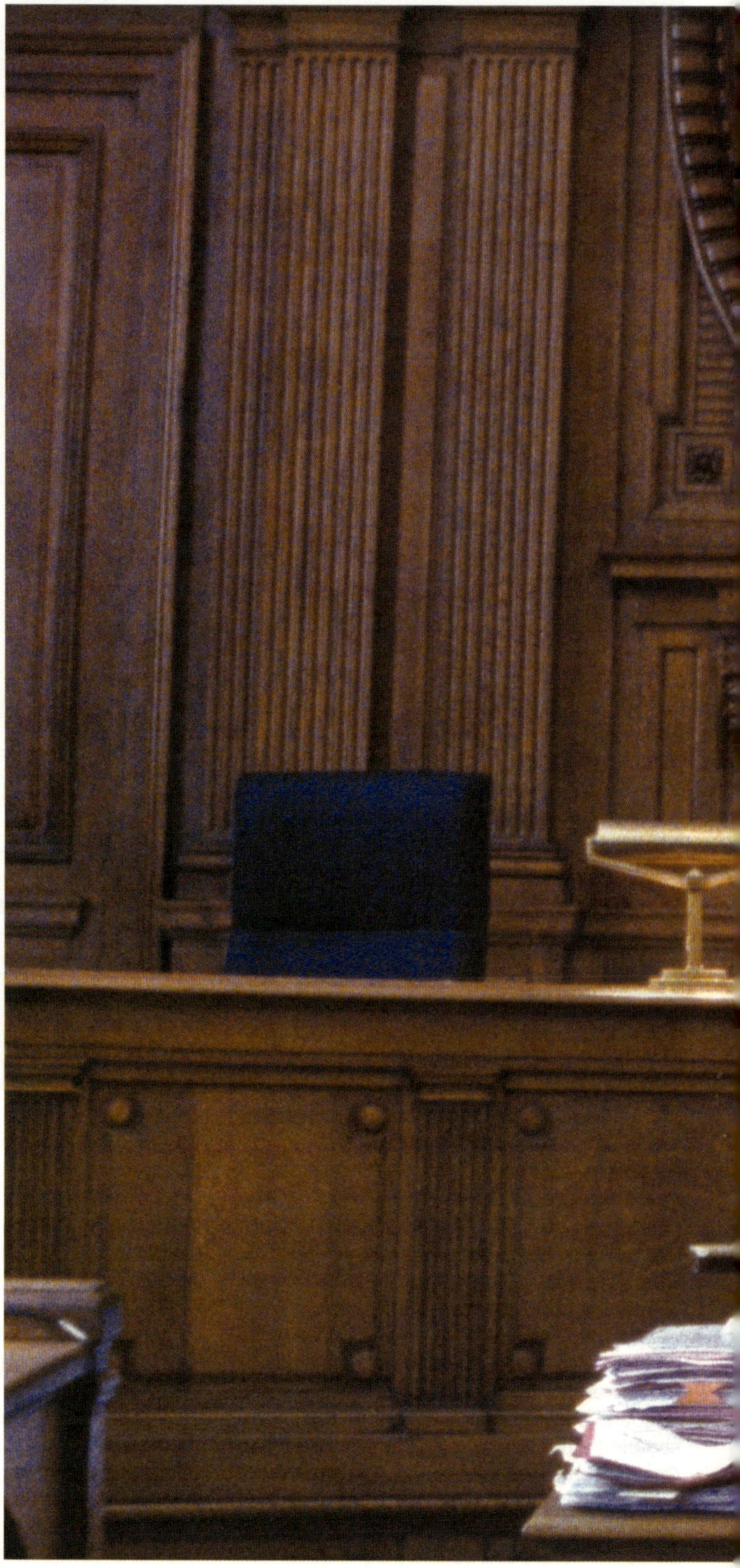

 elle comprend. Puis, le plus souvent, elle condamne.
En face d'elle, sous son regard bleu, douze personnes qui ne se ressemblent pas, à qui Depardon donne assez de temps pour qu'ils existent, qu'ils s'individualisent, pour que le spectateur éprouve à leur égard une sympathie, une compassion, une irritation, voire un détachement ironique. La femme peintre qui avait un peu trop d'alcool dans le sang, qui cherche à établir avec la juge une connivence de classe (quand elle boit du vin, c'est toujours du bon vin), est un personnage de comédie. Mais l'Africain qui ne sait pas d'où il vient, n'a jamais eu de papiers et ne peut donc pas demander un permis de séjour, et qui, à l'évidence ne comprend pas ce qui lui arrive quand il disparaît par la porte trappe qui s'ouvre au fond de l'écran, fait mal. Et le jeune homme à lunettes, genre étudiant, qui tabassait sa compagne et continue à la harceler au téléphone ? On ne sourit plus… Plus du tout. D'ailleurs, passée la première demi-heure de projection, on ne rit plus des prévenus, mais seulement, à l'occasion, des jeunes avocats commis d'office.
La mécanique judiciaire fonctionne. Vite, à un rythme d'abattage, mais elle fonctionne. La plupart des prévenus sont des accidentés de la vie, la magistrate en est convaincue, le spectateur aussi. Depardon nous a accompagnés jusqu'à la porte du fond. Ensuite ? Ensuite est une autre affaire.
«10e chambre, instants d'audience» (le mot «instants» dans le titre n'est pas anodin) agit comme un révélateur. C'est là que le non-dit du film, que le hors champ de justice devient oppressant. La situation créée, le rituel et surtout la maïeutique de Mme Bernard-Requin appellent à aller voir, ou agir, plus loin. La suite du film, au-delà de la petite porte, ne peut qu'être politique.

Jean-Pierre Jeancolas
Politis

En principe la justice ne se laisse pas filmer, sauf lorsqu'il s'agit de procès pour l'histoire – celui de Barbie, de Touvier, mais alors il faut attendre vingt ans pour les voir. Et sauf lorsque c'est Depardon qui filme. Il a tourné pendant trois mois, 169 personnes ont été filmées, 25 sont là, dont les noms ont été changés, ça s'appelle «respecter l'anonymat». Le respect, justement, est l'arme première de Depardon. Il nous fait entrer dans un théâtre très intime, un jeu de rôles très exactement codé, codifié par le décor, le décorum. La robe noire, c'est utile pour comprendre qu'on a fait mal. Qu'il ne faut pas boire au volant, pas battre sa femme, pas voler dans le métro, pas dire «salope» à une contractuelle. C'est d'abord très drôle, on rit aux mots, au manque de mots : «Il est tombé tout seul, l'agent de la RATP», «Je n'ai pas fait de mal à sa personne»… Puis on ne rit plus, doucement la douleur passe, on voit le sans-papiers qui ne sait rien de lui-même, à peine son nom, il ira en prison ; on voit cette jeune femme harcelée, le harceleur est là, elle murmure : «Il me bat encore dans mes rêves». Et celui-là, pathétique, qui dit à la présidente (la même que pour «Délits flagrants») : «Excusez-moi de vous avoir dérangée.» Des gens, rien que des gens, nous peut-être. La lumière baisse, ça va trop vite, les peines tombent, la présidente s'agace. Dans cette justice imparfaite, impatiente, indispensable, la seule chose vraiment juste est le regard de Raymond Depardon.
Tout chez ce photographe, cinéaste, citoyen, honnête homme est question de distance ; ni trop près, avec la complaisance du voyeur, ni trop loin, avec l'indifférence du spectateur. Ni ailleurs, sur le territoire certes flamboyant mais manipulateur de Michael Moore. Bien sûr Depardon «écrit» ses documentaires, il en sélectionne les images, il les assemble au montage, mais jamais, non jamais, il ne perd de vue l'obligation sacrée de modestie, de rigueur, de distance, dès qu'il s'agit de saisir la solitude des hommes.
Danièle Heymann
Marianne

Le film de procès est un genre cinématographique à lui tout seul (jadis «Autopsie d'un meurtre» de Preminger ou «Témoin à charge» de Wilder, et plus récemment «Erin Brockovitch» de Soderbergh, ou «L'Idéaliste» de F. F. Coppola – vous savez… le père de Sofia – mais la liste serait trop longue). Ce n'est pas un hasard. Rappelons ce truisme : un tribunal est à la fois un théâtre où évoluent des acteurs et une salle de cinéma où le verbe projette les images d'une histoire – le délit ou le crime. On pourrait rétorquer que «10e chambre, instants d'audience» est un documentaire, et non une fiction. Peu importe. Car, autre caractéristique du cinéma, les individus finissent par devenir des personnages, tout simplement parce qu'ils ont eux aussi une histoire, des histoires à raconter : d'abord celle qui les a amenés devant un tribunal, qui n'est qu'une infime partie d'une histoire plus grande, celle de leur vie, la grande expliquant souvent la petite. Ils ont souvent tout intérêt à les camoufler, à les travestir. C'est de cette friction entre le récit et la réalité, entre la vérité qu'ils connaissent et celle qu'ils racontent que naît la fiction, qu'ils abandonnent leur statut réel pour devenir des personnages.
Enfin il faut ajouter que, sur le fond, «10e chambre…» confirme l'idée qu'on se fait d'un tribunal : un endroit où les procureurs se montrent fort désagréables jusque dans leur physique, où les avocats ont un air perpétuellement innocent, consterné ou affligé, où les juges ont des attendrissements et des colères toutes maternelles

(ou paternelles), où les accusés ont peur – et globalement, ils ont raison. Parfois aussi, dans «10e chambre…», sans faire de démagogie, la justice se montre un endroit ou des gens «éduqués» font la morale à des gens qui ne le sont pas.
Et puis il y a cet Africain, qui n'a pas de papiers, dont le nom n'est pas celui qu'on dit, qui ne sait pas où et quand il est né, ni quelle est sa vraie nationalité. Celui-là, il sera exclu du territoire. On le voit sortir du tribunal et du film entre deux gendarmes et on ne cesse depuis lors de se poser une seule question : qu'est-il devenu ? Que deviennent les individus quand ils ne sont plus à l'image ? Que deviennent les individus quand ils ne sont plus des personnages ? Pourquoi le film de Depardon dure-t-il 1 h 45 et non 3 heures ? «10e chambre…», film ouvert sur des hommes et femmes perdus ou dispersés, condamnés ou libérés. «10e chambre…», chambre close comme une cellule ou un destin, et chambre d'écho d'une société.
Jean-Baptiste Morain
Les Inrockuptibles

Face à tous ces désastres, la justice s'en sort comme elle peut. Plutôt pas mal, en fait. Michèle Bernard-Requin applique la loi avec une efficacité souriante : elle dialogue, en aide certains, en bouscule d'autres, consciente que chaque cas est un petit drame qu'il lui faut régler au mieux. On la devine désarmée, par moments, lorsque comparaît devant elle cet Africain sans défense et sans papiers, amené en France il y a de nombreuses années par un passeur anonyme, il n'a plus aucun lien avec son pays d'origine, ne connaît personne, ni ici, ni là-bas, et écoute, gentil et inexpressif, la liste des démarches qu'il lui faudra accomplir. Pour rester en France ? Non, pour repartir chez lui. Mais chez lui, c'est où ? Soudain, c'est tout le système social français qui est remis en cause. Impossible de régler un tel cas en quelques minutes. Alors on classe et on passe à l'affaire suivante.
Tout se déroule dans le meilleur des mondes possibles, à condition que chacun se plie au rôle que la société exige. Sinon gare… Soudain, on sent Michèle Bernard-Requin très agacée par un prévenu, intimidé mais ferme, qui a décidé de se défendre lui-même, de prendre des notes pendant l'audience et de contester l'accusation point par point. Oui, quand on l'a interpellé, il était bien en possession d'un Opinel. Dans certains cas, un Opinel peut être considéré comme une arme, c'est exact. Mais pas dans le sien. Car la lame de l'Opinel incriminé, Madame le juge, n'était pas de taille suffisante pour en faire une arme. Pour la loi, ce n'est qu'un outil. L'homme explique, discute, argumente encore et Michèle Bernard-Requin explose : «Vous n'allez tout de même pas m'apprendre le code ?», lance-t-elle. Comme le masque tombe vite ! En une fraction de seconde, on mesure la frontière qui sépare l'autorité de l'autoritarisme. Et ce film poignant et drôle fait, brusquement, froid dans le dos.
Pierre Murat
Télérama

De la dame d'un certain âge prise en faute comme une gamine au dépressif sous tranquillisants bafouillant sa propre défense, de l'avocat commis d'office découvrant le dossier à l'audience à la juge (Mme Requin, ça ne s'invente pas) sortant de sa réserve face à un cadre sup au fait de la législation, c'est la justice ordinaire, loin des grands et médiatiques procès que le film restitue dans son impavide réalité.
Au fur et à mesure des audiences (et des délibérés), le film impose une prise de conscience : tous ces instants, ces délits, sont une mise à plat des nouvelles dispositions (Sarko-Perben) et leurs résolutions une certaine manière de voir la réalité sociale. Ces tranches de vies qui défilent à la barre, opèrent, via les cadrages et le montage (toujours pertinent), une sorte de catharsis émouvante. Entre tragicomique et efficacité citoyenne, Depardon continue de creuser son sillon en forme de constat lucide. Un travail aussi exemplaire que nécessaire.
Claude Martino
La Marseillaise

Ma mère

178 **LE SECRET DE BARAN**

MAJID MAJIDI

Presque le même sujet qu'«Osama», sorti cette saison. À Téhéran, sur le chantier d'un immeuble en construction, aucun ouvrier n'a percé le secret d'un jeune garçon pas comme les autres. Seul Lateef (Hossein Abedini) sait que Rahmat est une fille, Baran (Zahra Bahrami) et qu'il en est amoureux... Moins ouvertement politique qu'«Osama», le film observe le sentiment amoureux qui progresse chez ces jeunes gens. À l'insu des autres, ils s'épient, se fuient et s'attirent. Jeu ambigu, que la mise en scène à la permanente délicatesse rend tendre et provocant.

ROSENSTRASSE

MARGARETHE VON TROTTA

On avait perdu de vue la Margarethe von Trotta qui, il y a quelques années, décrivait, à l'instar de Fassbinder, les tourments de l'Allemagne moderne («Les Années de plomb»). La revoilà, lyrisme intact, qui nous ramène au Berlin de 1943. Les nazis enferment des juifs. Leurs femmes sont aryennes, elles vont protester des jours et des jours. À force d'obstination, de courage, elles obtiendront la liberté de leurs maris (connaît-on des hommes allemands qui ont ainsi manifesté dans les rues pour leurs épouses juives...).
Sur cet épisode peu connu, la réalisatrice a greffé une intrigue : le périple entrepris par une jeune Allemande de New York (Katja Riemann) partie à la recherche des souvenirs de sa mère. Sans céder à son défaut habituel – la lourdeur psychologique –, Margarethe von Trotta exalte avec tendresse la beauté du sentiment comme révolte suprême. Et l'héroïsme du quotidien.

MA MÈRE

CHRISTOPHE HONORÉ

Le pari, adapter «Ma mère» de Georges Bataille au cinéma, était ardu. On ne saurait reprocher à Christophe Honoré («17 fois Cécile Cassard») de l'avoir perdu. Mais avec aussi peu de panache, si. On dirait que le réalisateur n'a pas vraiment cherché à trouver des équivalents visuels au style de Bataille. Et il n'a clairement pas su rendre féroce ce lent et douloureux parcours vers la perversion des corps, mais aussi des âmes...
À la mort du père (Philippe Duclos), Pierre (Louis Garrel, assez fade, mais filmé par Christophe Honoré comme un objet sexuel) aimerait retrouver avec sa mère les liens de jadis, innocents et troubles. Mais Hélène (Isabelle Huppert, toujours prête pour des rôles audacieux, mais, pour une fois, convenue) lui révèle sa passion pour la débauche. Avec l'aide d'une de ses maîtresses, Réa (Joana Preiss), elle va guider son fils, pas à pas, sur les chemins de la perversité. Laquelle se résume, dans le film, à quelques sorties hard en boîte, des étreintes autour d'une piscine d'un érotisme à la Vadim. Plus une scène SM que pratiquent Hansi (Emma de Caunes) et un Pierre réticent sur un pauvre Loulou (Jean-Baptiste Montagut), plus ou moins amoureux. Tout est curieusement sophistiqué et pauvre.
Depuis Laclos, on sait la vertu ennuyeuse. Moins, cependant, que le vice, lorsqu'il se noie dans la fadeur.

ALL NIGHT BODEGA

FÉLIX OLIVIER

À travers le parcours initiatique de Vénus (Tammy Trull), jeune hispanique abandonnée à elle-même dans Spanish Harlem, l'auteur de ce film dresse un portrait sombre et sans appel du ghetto hispanique. À vouloir trop montrer, son scénario emprunte parfois trop de pistes et prend le risque de s'égarer.
Mais c'est le seul point faible de ce long métrage révolté et viscéral. La caméra colle littéralement au corps des personnages, enregistrant en direct leurs gestes désespérés pour échapper à la spirale de violence qui les happe. Un parti pris de l'instantané, inspiré du précédent travail de documentariste de ce jeune réalisateur, et trouvant ici une pleine justification.

BOLOGNA CENTRALE

VINCENT DIEUTRE

Vingt ans après y avoir séjourné, Vincent Dieutre revient à Bologne. Une ville où, à la sortie de l'adolescence, il connut ses premières expériences avec la drogue et vécut une grande passion pour un homme – qu'il quitta quelques heures avant le terrible attentat. Caméra vidéo en main, il arpente de nouveau cette ville tant aimée à la recherche des fantômes d'autrefois. Il descend vivre des amours charnelles fugaces dans les saunas, s'échappe dans les paradis artificiels et mesure la douleur du temps échappé. Plus brut dans sa conception que «Rome désolée» et «Mon voyage d'hiver», ce film touche par sa simplicité formelle et sa sincérité douloureuse. Confession païenne d'un homme écartelé entre l'absolu et la déchéance.

Inguélézi

ZAMAN, L'HOMME DES ROSEAUX
AMER ALWAN
Zaman (Sami Kaftan), un vieil homme, cherche par tous les moyens à se procurer le médicament susceptible de sauver son épouse mourante (Shadha Salem). Pour cela, il quitte les marais où il vit et s'aventure dans le monde citadin. Le réalisateur a l'intelligence de ne jamais faire de son héros un emblème de l'actualité irakienne. Sans faire pour autant l'impasse sur la réalité de ce pays meurtri par la conjugaison des guerres – on sent planer l'ombre de l'intervention américaine, et de l'embargo –, il filme avec pudeur cette fable tragique et amère.

INGUÉLÉZI
FRANÇOIS DUPEYRON
«Inguélézi», c'est le seul mot que balbutie ce clandestin kurde (Eric Caravaca) et il veut dire «Angleterre». Sa destination, avant qu'un accident de camion ne lui fasse rencontrer, en France, Geneviève (Marie Payen) qui vient d'enterrer son mari. Murée dans son chagrin, la jeune femme le recueille, le cache et décide, finalement, de le conduire, en voiture, jusqu'à sa Terre Promise... C'est lorsqu'ils entament ce périple (au bout d'une petite demi-heure) que le film commence vraiment. François Dupeyron aime les drôles d'endroits pour des rencontres bizarres. Et les retours à la vie inattendus. Entre cet homme et cette femme qui ne partagent que des silences, des balbutiements, quelques rires et la peur d'être découverts, il tisse des liens ténus et tendres. Les émotions sont belles, les bons sentiments, soigneusement évités. Et les deux comédiens, formidables. Sorti dans une seule salle parisienne, mais sur une durée plus longue que la moyenne des «petits» films sans argent ni têtes d'affiche, «Inguélézi» a attiré des spectateurs curieux et convaincus qui ne sont pas sortis déçus.

LA FAMILLE INDIENNE
KARAN JOHAR
Le cadet (Amitabh Bachchan) d'une riche famille indienne se rend à Londres afin de convaincre son frère (Shah Rukh Khan) répudié dix ans auparavant pour avoir convolé hors caste, de revenir parmi les siens. Si les codes bollywoodiens (grandiloquence du jeu, chorégraphies surchargées...) fonctionnent dans la partie indienne de ce film fleuve (3 h 30), il n'en est pas de même pour les scènes se déroulant en Grande-Bretagne. Le décalage culturel agit alors contre le film, le kitsch assumé frôlant le ridicule involontaire.

HAÏTI : LA FIN DES CHIMÈRES ?
CHARLES NAJMAN
Pas de commentaire off, juste des témoignages qui parlent d'eux-mêmes. Début 2004, Haïti fête le bicentenaire de la Révolution. Quelques semaines plus tard, Aristide, ancien «curé des pauvres», est amené (poussé) à fuir. Le réalisateur Charles Najman («Haïti, Dieu seul me voit» et «Royal Bonbon») oppose le discours messianique du Président, encore en fonction, à celui des gens ordinaires qui dénoncent la corruption et la violence de son régime. Au cœur du film, Billy (les exclus comme lui ont été baptisés «chimères») confronte ses espoirs déçus à ses rêves de jadis. Passionnant.

BROOKLYN BABYLON
MARC LEVIN
Sara (Karen Goberman) est une jeune juive, élevée dans la rigueur des traditions religieuses de sa famille. Fiancée à un garçon ultra-orthodoxe, elle voit la liberté à laquelle elle a toujours aspiré lui échapper progressivement. À l'occasion d'un accrochage de voiture virant à l'affrontement, elle rencontre Sol (Tariq Trooter), un charismatique chanteur de hip-hop. Pour son nouveau long métrage, le réalisateur de «Slam» et «Whiteboys» s'essaie, via le message de son scénario, au mélange des genres. D'un côté, une histoire d'amour calquée sur la trame de «Roméo et Juliette», de l'autre un fort versant social avec la cohabitation violente entre juifs et Noirs. Revendiquant d'emblée un ton très fleur bleue, il prend le risque de décontenancer. Pourtant cette dose d'optimisme sans faille reste sans doute le meilleur moyen de faire passer ce message de tolérance et d'acceptation.

182 **MEMORIES OF MURDER**

BONG JOON-HO

1986. La Corée est en pleine dictature. Dans un village, un serial killer tue des jeunes filles. Toujours vêtues de rouge. Toujours les jours de pluie. Les flics locaux s'y perdent. Et l'envoyé de Séoul, aussi... Polar original qui joue sur le décalage. Sur un rythme plutôt lent que brisent de furieuses secousses : la traque, dans le décor fantomatique d'une usine en construction, d'un pervers sexuel, par exemple. Le plus intéressant, ce sont les fausses pistes : les moments où les flics s'énervent sans raison. L'instant où l'un des héros, sommé de se rendre au pique-nique à deux organisé par sa copine infirmière, se fait faire une piqûre de vitamines en pleine campagne... Le film frappe par son étrangeté : rien n'y est expliqué, ni résolu. On ne fait que deviner la souffrance des victimes. Et la folie de tous les assassins invisibles, murés dans leurs tourments.

Memories of Murder

LE COSTARD

ALBERTO RODRIGUEZ

Il n'a rien, sauf un costume gris très élégant que lui a donné un client du garage où il travaillait avant d'en être viré. Alors Patricio (Eugenio José Roca), Camerounais sans le sou et sans travail résidant en Espagne, vit sur un malentendu permanent. «Le Costard» est une plongée tragicomique dans le monde de la déveine et de la débrouille. De mensonges en petites combines, cet immigrant tente de survivre en gardant la tête haute. Une jolie fable un peu cruelle et très actuelle sur un thème, hélas, inépuisable.

LES TEXTILES

FRANCK LANDRON

Sophie (Barbara Schulz) et Olivier (Alexandre Brasseur), couple tranquille de boulangers parisiens, rêvent de quitter la capitale. Ils font l'acquisition d'une maison située en plein cœur d'un camp de naturistes. Coincés un peu niais contre libidineux insatiables : s'il évite l'écueil de la grasse comédie, le scénario de cette étude de mœurs faussement moderne aligne toutefois bon nombre de clichés d'un autre âge.

PEOPLE : JET SET 2

FABIEN ONTENIENTE

Suite vulgaire et anémique d'un succès inattendu de la rentrée 2002. Charles de Poulignac (Rupert Everett, très fatigué), organisateur de soirées snob, est soudain mis au ban du tout-Paris. Il tente de se relooker auprès de John-John (José Garcia), le roi gay d'Ibiza... À ce degré de nullité, même la faconde, généralement communicative, de José Garcia fait peine à voir. Vrai chagrin de découvrir, perdus dans cette galère, Ornella Muti, dans le rôle d'une imbécile, et Jean-Claude Brialy, dans celui d'un clone de Massimo Gargia, finement baptisé Minimo...

AU-DELÀ DES FRONTIÈRES

ROLANDO COLLA

Plongée dans la tourmente du conflit balkanique par amour pour un réfugié (Senad Basic), une architecte italienne (Anna Galiena) se rend en Bosnie afin d'y récupérer la fille de ce dernier. Un voyage la ramenant à ses souvenirs d'enfance et au traumatisme de la seconde guerre mondiale vécue par son propre père. Grâce à son interprète principale et à sa sensibilité, le réalisateur dépasse le cadre démonstratif de son scénario et dénonce les ravages collatéraux de la folie belliqueuse.

PROCESS

C. S. LEIGH

Pas de dialogues, ou très peu. On comprend vaguement qu'une actrice de théâtre (Béatrice Dalle), atteinte d'un cancer du sein, cesse de

Harry Potter et le prisonnier d'Azkaban

parler et se livre à quelques expériences limites : triolisme, ingestion de yaourt au verre pilé, asphyxie dans un sac-poubelle... Ce «suicide» est précédé d'une introspection douloureuse, d'un autodafé de ses photos et souvenirs. Le parti pris extrême de Leigh tente de placer son travail dans la perspective d'une avant-garde, mais avec une connotation déplaisante, voire pénible.
La performance de Béatrice Dalle est certes méritoire, mais ne remplit pas le vide d'un film qui, à force de rejeter toute concession, finit également par abolir tout spectacle.

HARRY POTTER ET LE PRISONNIER D'AZKABAN
ALFONSO CUARÓN

Dans les cycles et les séries, qui sont au minimum des trilogies, si le N° 1 ne reste pas inégalé, il arrive fréquemment que le meilleur épisode soit le N° 2. Harry Potter fera donc figure d'exception, ce N° 3 étant sans conteste le plus réussi. Une nouvelle année scolaire commence pour notre apprenti sorcier préféré, il quitte la maison en neutralisant comiquement son horrible tante qu'il transforme en montgolfière. Démarrage en trombe ! On retrouve avec plaisir Daniel Radcliffe, Emma Watson et Rupert Grint, ainsi que leurs professeurs énigmatiques ou cocasses (dont deux nouveaux venus, Emma Thompson et David Thewlis). Le souci étant, cette fois, l'évasion de prison d'un dangereux sorcier (Gary Oldman) qui apparaît sous forme d'un chien fantôme. Autres bestioles au programme : un «hippogriffe», un loup-garou et un rat qui réservent évidemment bien des surprises – le plus redoutable n'étant jamais celui qu'on croit. Ce nouvel épisode, signé Alfonso Cuarón, est très rythmé, les rebondissements s'y enchaînent à la perfection, l'humour s'épanouit dans un univers pourtant très noir, où Harry s'approche plus près que jamais de la vérité de sa saga familiale. Le réalisateur remplace avantageusement son prédécesseur, Chris Columbus, et atteint un équilibre assez miraculeux entre l'angoissant et le ludique.

RIEN VOILÀ L'ORDRE
JACQUES BARATIER

Une actrice (Amira Cazar), ayant sombré dans la dépression après avoir accidentellement occis son partenaire lors d'un tournage, débarque dans un asile où la folie semble avoir atteint l'ensemble de l'institution. L'humour blasphématoire et insolent du metteur en scène du «Désordre à vingt ans», n'a rien perdu de sa verve. Mais, hormis quelques instants joyeusement délirants, il est regrettable que son extravagance ne contamine pas plus souvent cette fable sarcastique.

À TON IMAGE
ARUNA VILLIERS

On ne mesure pas les effets du clonage sur le cinéma. Par amour pour sa femme (Nastassja Kinski), un obstétricien pas futé (Christophe Lambert) accepte qu'un chirurgien (Andrzej Seweryn) la fasse accoucher... d'elle-même ! Devenue adolescente, la gamine (Audrey Dewilder) va faire payer à sa mère une faute qu'elle a commise et refoulée. Kinski pleure beaucoup. Lambert serre les mâchoires. On a fait de la jeune Audrey Dewilder une sorte d'ET méchant. Bref, c'est la cata...

Casablanca Driver

Instincts meurtriers

CASABLANCA DRIVER
MAURICE BARTHÉLÉMY
Quelques témoins de sa vie évoquent la résistible ascension et l'irrésistible chute de Casablanca Driver, sorte de Forrest Gump de la boxe, à l'incompréhensible devise : «Todo Match». Un hasard fatal va précipiter la rencontre de ce mec nul et sportif exécrable avec le champion du moment... Le drame des comiques télé qui passent au cinéma (Maurice Barthélémy fait partie des «Robin des Bois»), c'est de croire qu'il suffit d'une bonne idée pour réussir un film.
Ici, la bonne idée existe, c'est vrai. À savoir mettre en lumière ce personnage burlesque et lunaire, simple d'esprit lumineux que Maurice Barthélémy interprète lui-même avec un enthousiasme masochiste presque troublant.

LE FILS D'ELIAS
DANIEL BURMAN
Ariel (Daniel Hendler) court sans cesse dans les rues de Buenos Aires. À la poursuite d'une adolescence qui s'échappe. À la poursuite d'un père qu'il déteste – parce qu'il s'est enfui autrefois, et parce qu'il menace de réapparaître aujourd'hui... Une vraie tendresse plane sur ce quartier de Buenos Aires, où la mère d'Elias (Adiana Aizemberg) tient une boutique de lingerie. Peuplé de petites gens qui se chamaillent, il prend vite des airs de comédie à l'italienne. Alors qu'Ariel, lui, semble sortir d'un film de Woody Allen. Vaguement ahuri, il découvre des secrets de famille inimaginables : son père n'est pas celui qu'il croyait. Sa mère non plus. Et même pas sa grand-mère qui décide d'entamer en dépit de son grand âge, une carrière internationale ! Rencontre après rencontre, révélation après révélation, Elias va se reconstruire. Devenir adulte, en somme...
Dans un cinéma argentin qui, depuis quelques années, nous offre de plus en plus d'heureuses surprises («Historias mínimas» de Carlo Sorin, «Le Fils de la mariée» de Juan José Campanella), Daniel Burman, l'un des chefs de file de cette «nouvelle vague», se faufile dans les états d'âme de ses personnages et rend attachantes leur perpétuelle joie de vivre et leur incessante mélancolie.

INSTINCTS MEURTRIERS
PHILIP KAUFMAN
Attention, polar psychologique, avec de l'ambiguïté partout. Femme flic, Jessica (Ashley Judd), est la fille d'un tueur. Intelligente, énergique, mais trop impulsive, elle est chargée par son chef (Samuel L. Jackson) d'enquêter sur une série de meurtres dont les victimes sont tous... ses anciens amants ! De quoi devenir folle, ou croire carrément que c'est elle qui les a tous trucidés sans en avoir gardé aucun souvenir.
Malgré l'aide de son partenaire (Andy Garcia), Jessica nage en pleine confusion. Réalisé par Philip Kaufman («Il faut bien vivre», disait Erich von Stroheim), ce thriller téléphoné est bâclé et cousu de clichés.

OSMOSE
RAPHAËL FEJTÖ
Abel (Clément Sibony) drague. Rémi (Romain Duris) est follement jaloux. Lucie (Mathilde Bertrandy) refuse l'amour... Les trois amis parlent beaucoup et crûment des sentiments, du sexe et de leurs frustrations. Raphaël Fejtö, auteur et illustrateur de livres pour enfants, filme joliment les mésaventures de ses trois héros. Entre BD et clip. Comme un pote narquois.

YO, SOR ALICE
ALBERTO MARQUARDT
Ayant lui-même subi la répression idéologique, le cinéaste argentin a choisi de consacrer ce documentaire à Sœur Alice, une nonne française arrêtée par la junte militaire au pouvoir et disparue à Buenos Aires. Une figure symbolique, martyre des purges d'un régime dictatorial, dont il est rappelé ici qu'il fut installé et soutenu par des puissances dites démocratiques. Un hommage sobre et militant aux milliers de victimes.

Godsend - Expérience interdite

Poligono Sur, Séville côté sud

GODSEND – EXPÉRIENCE INTERDITE
NICK HAMM
Paul et Jessie (Greg Kinnear et Rebecca Romijn-Stamos) sont au désespoir : ils ont perdu leur fils unique de huit ans, Adam (Cameron Bright), dans un tragique accident. Surgit le méphistophélique Dr Wells (Robert De Niro), savant compatissant qui leur propose de fabriquer un clone d'Adam. Bon Samaritain ou monstrueux Dr Frankenstein ? Lorsque le nouveau-né aura huit ans, l'offre généreuse apparaîtra comme le marché de dupe d'un apprenti sorcier.
Malheureusement, les vertiges du fantastique sont ici supplantés par les hantises de la religiosité la plus rétrograde. Un film de science-fiction vieillot, et totalement prévisible.

MARIAGE MIXTE
ALEXANDRE ARCADY
Un gangster juif (Gérard Darmon) veut marier sa fille (Olivia Bonamy) au fils d'un ami disparu, à qui il aurait fait jadis cette imprudente promesse. Mais la belle s'éprend au Maroc d'un bel archéologue (Thomas Jouannet), fils d'un aristocrate catholique (Patrick Chesnais) dont le père pétainiste (Philippe Lemaire) ne cache pas un antisémitisme galopant. On devine à quel genre de plaisanteries fines va conduire ce projet de mariage mixte. La mise en boîte des pratiques communautaires, la peinture à traits épais des caractères, tout relève ici du vaudeville le plus traditionnel. Entre deux scènes attendues, l'action se traîne, puis s'accélère brusquement pour une célébration finale qui se veut délirante et n'est que brouillonne.

DANS LES CORDES
CHARLES S. DUTTON
Une simple secrétaire (Meg Ryan), passionnée de boxe, gagne ses galons de manager en coachant un jeune délinquant (Omar Epps). Rédemption, ascension et consécration se retrouvent sans surprise sur le podium de cette «success story» à l'américaine, inspirée par les destins de Jackie Kallen et du champion Luther Shaw. Un film sans relief et sans surprise, entièrement dévoué à son interprète principale.

POLIGONO SUR, SÉVILLE CÔTÉ SUD
DOMINIQUE ABEL
Reportage sur un quartier de Séville – Las Tres Mil – où, fidèles à leur légende (visages burinés et voix ardentes), des gitans improvisent du flamenco à la demande : sur des terrains vagues, au pied de leur HLM ou dans leur salle à manger. Évidemment, la musique est belle. On reste, néanmoins, perplexe devant la pseudo-sociologie de ce docu-fiction chaleureux.

VOYAGEURS ET MAGICIENS
KHYENSTE NORBU
Dondup (Tshewang Dondup) rêve d'aller aux États-Unis. Sur la route du départ, il croise un moine (Sonam Kinga). Celui-ci lui raconte l'histoire de Tashi (Lhakpa Dorji), un jeune fermier décidé à changer de vie et dont le sort sera bouleversé par une rencontre amoureuse. Sur cette trame de double récit initiatique, le réalisateur de «La Coupe» se contente de tisser de très prévisibles connexions. Tout occupé à filmer la beauté des paysages du Bhoutan, il ne dépasse guère le stade du pittoresque.

Shrek 2

Andrew Adamson, Kelly Asbury et Conrad Vernon

Donc Shrek est amoureux. L'ogre vert qui pète a rencontré une ogresse verte qui… L'aventure continue : «Shrek 2» c'est du Walt Disney qui déraille, du dessin animé parfaitement loufoque, du conte de fées déjanté. Moche, nanti d'oreilles en trompette, de mains comme des battoirs et d'un collant lâche, Shrek est le plus attachant des ogres : il peut se mettre en quatre pour sauver un ami, contredire un beau-père, se battre avec des légions de chevaliers et faire la fiesta mexicaine. C'est un héros gentil, un tantinet disgracieux, qui plaît aux enfants, aux adolescents, aux parents et sûrement à tout l'arbre généalogique. Il a de très mauvaises manières de table, certes, et rote en disant : «Il vaut mieux expulser ce qu'on a sur le cœur.» Mais, avec ses deux nouveaux amis, Shrek est formidable.

Tout commence par l'invitation du roi Harold et de la reine Lillian, pressés de voir leur nouveau gendre. Peu enthousiaste, Shrek se met en route vers le royaume de Fort Fort Lointain, où il est accueilli assez fraîchement et où la Bonne Fée – une vraie virago qui bouffe des double Cheeseburgers avec des frites mayo – se met en tête de défaire ce mariage au profit de son fils, M. Charmant (Prince de son prénom). Celui-ci est un blondinet fade qui se maquille discrètement. Shrek part donc quérir une potion magique et se retrouve dans un bouge où un travelo sert à boire, où le Capitaine Crochet joue du blues et où le Chevalier Sans Tête s'en jette un derrière la cravate. Toujours affligé de son copain l'âne, bavard et braillard, Shrek rencontre le Chat Potté, un grand tueur d'ogres qui parle avec l'accent espagnol et se sert de ses griffes aux endroits les plus, euh... sensibles. Finalement, grâce à un homme de pain d'épice géant, Cake Kong, l'amour triomphera, et tout se terminera par une surboum où l'âne et le Chat Potté vont faire swinguer la foule en chantant «La Vida Loca».

Les trois réalisateurs, Andrew Adamson, Kelly Asbury et Conrad Vernon, se sont déchaînés : le grand méchant loup lit des bouquins et joue de la guitare électrique, Pinocchio ment en assurant qu'il ne porte pas de dessous féminins (il a un string), et la ville de Fort Fort Lointain possède des boutiques médiévales de luxe comme Versacherie. Les gags pleuvent, les personnages sont étonnants de vérité : en dix ans, l'animation par ordinateur a fait des progrès géants.

Deux défauts ont été totalement éliminés : il était autrefois impossible de rendre la peau humaine ou animale avec réalisme. C'est chose faite. Et la représentation de l'eau était maladroite : aujourd'hui, elle est parfaite. Deux techniques ont été inventées pour «Shrek 2» : le *bounce sharder*, un logiciel qui permet de calculer la façon dont la lumière rebondit d'un objet à l'autre. Et le *substance scattering,* analyse de l'effet de la lumière sur l'épiderme. Résultats : confondants. On jurerait

que les personnages de «Shrek 2» existent. Ils existent en effet. Les princes redeviennent des crapauds, les trois petits cochons font des niches, l'âne se retrouve papa, et le doublage, dans la VO, est dingue : Mike Myers (Shrek), Cameron Diaz (la princesse Fiona), Eddie Murphy (génial dans le rôle de l'âne), Julie Andrews (la reine Lillian), Antonio Banderas (le Chat Potté) et Ruppert Everett (Charmant, Prince).
Dès le premier jour de sa sortie, «Shrek 2» a fait exploser le box-office américain : déjà DreamWorks, la société de Steven Spielberg, prévoit de mettre en chantier un «Shrek 3» et un «Shrek 4». L'ogre est devenu une star, comme Mickey. Celui-ci est vert d'envie, dit-on.

François Forestier
Le Nouvel Observateur

Rival numéro 1 de Pixar depuis «Fourmiz», DreamWorks a positionné ses films d'animation 3D sur un créneau plus «adulte». Le héros de «Fourmiz» était un insecte névrosé joué par Woody Allen ; celui de «Shrek» un ogre mal élevé et solitaire, métamorphosé par l'amour. Comédie romantique trash, «Shrek» s'avéra malgré tout un succès fédérateur, qui séduisit les enfants («chouettes, les prouts !»), les ados des deux sexes («trop bien, les bastons !», «trop belle, l'histoire d'amour...») et les adultes («bien vu, le sous-texte sur la tolérance»). La tentation était grande de lui donner une suite. Une fois n'est pas coutume, c'était une bonne idée. Design nickel, animation top, doublage haut de gamme, «Shrek» avait démontré que DreamWorks comptait des petits génies dans ses rangs. «Shrek 2» confirme que le studio de Spielberg n'a pas cédé de terrain devant Pixar, auréolé du méga succès du «Monde de Nemo». Le décor ou les mimiques des personnages témoignent d'une qualité supérieure en matière de direction artistique. La mise en scène est à l'aune des moyens déployés : spectaculaire, par moment ostentatoire, mais surtout, valorisante pour les personnages, qui ont gagné en densité – Shrek et Fiona sont des «adulescents» brutalement confrontés à la fin de l'insouciance ; le roi et la reine culpabilisent d'avoir tenu enfermée leur fille dans sa jeunesse ; la Bonne Fée, amusant contre-pied aux contes, se révèle une horrible marâtre prête à tout pour que son fils se substitue à Shrek dans le cœur de sa filleule. Quant au nouveau venu, l'hilarant Chat Potté, il se dispute avec l'âne le titre de meilleur ami du héros... Si «Shrek 2» contient des moments fort drôles, il en contient aussi beaucoup de poignants.

Christophe Narbonne
Première

Les principaux maîtres actuels du genre (artistes, infographistes et polytechniciens du pixel) se retrouvent au générique, à commencer par Andrew Adamson, crédité au scénario et à la réalisation, assisté de bon nombre de Frenchies dont Guillaume Aretos, production designer, équivalent d'un directeur de la photo, et Philippe Gluckman, superviseur des effets visuels (traitement de la lumière). «Shrek 2», loin d'être un simple remake, est largement supérieur au précédent. La gestuelle des personnages, la fourrure des animaux, la carnation et le comportement des humains ont été considérablement améliorés. Les mimiques faciales de Shrek, disposant dorénavant de 218 muscles et d'une pomme d'Adam facilitant sa déglutition, s'en ressentent. Sans compter le traitement de plus en plus sophistiqué des foules.
Quant à l'environnement, outre l'aspect parodique (Disneyland et le château de Cendrillon), les références artistiques vont de «L'Encyclopédie médiévale» de Viollet-le-Duc aux châteaux de la Loire. En moins de dix ans d'imagerie de synthèse (le tout premier titre, «Toy Story», date de 1996), les sortilèges du numérique ont changé la donne. Sans plus attendre, d'ailleurs, l'ogre ostensiblement mal léché se multiplie sans modération en jeux interactifs et bonus DVD.

Michel Roudevitch
Libération

C'est un symbole, ou peut-être est-ce un symptôme. Cette année, au Festival de Cannes, la montée des marches la plus «glamour», la plus applaudie par la foule a été celle… des voix du dessin animé «Shrek 2» : Cameron Diaz (Princesse Fiona), Eddie Murphy (l'âne), Julie Andrews (la Reine), Rupert Everett (le Prince Charmant), Antonio Banderas (la Chat Potté), et bien entendu Mike Myers (Shrek) suivi de la populaire voix française du gros héros crado, Alain Chabat, rempilant lui aussi. Voir ainsi acclamées des stars ramenées au rang d'acteurs de doublage, renvoyées à la mission ambiguë d'habiter les enveloppes gérées par ordinateur d'un ogre péteur, d'une princesse métamorphosée en boudin, d'un âne collant ou d'un chat frimeur, avait quelque chose d'étrangement iconoclaste. Mais de cette ambiguïté, de cette trivialité, il faut bien admettre que nous nous régalons. Shrek, le monstre vert numérisé, en compétition cannoise, n'a pas déçu, réussissant à provoquer – l'effet de surprise pourtant passé – la même jubilation régressive que lors de sa première apparition hors de son marais puant.

Danièle Heymann
Marianne

Shrek se découvre un rival : le Prince Charmant, bellâtre conformiste, a lu dans les contes de fées qu'il devait épouser la princesse et veut suivre le programme. Bête comme il est, il en serait bien incapable tout seul, mais il y a sa mère, la (fausse) Bonne Fée, sorte d'executive woman ambitieuse et efficace (chignon argenté et lunettes d'intello), pour manager sa carrière de crétin à couronne. Avec tous les sorts et toutes les potions magiques dont elle dispose, elle va mener la vie dure à Shrek et à Fiona. Heureusement, nos deux ogres trouveront un allié inattendu en la personne du Chat Potté, sorte de Zorro latino à la moustache avantageuse et à l'épée acrobatique. Ce nouveau venu est une des délicieuses surprises de «Shrek 2», qui nous en réserve bien d'autres. On traverse des bouges de pirates et des antres de sorcières high-tech. On se métamorphose à tout va, l'âne devient un étalon blanc et Shrek, Schwarzenegger déboulant à cheval dans le palais, on passe de King Kong à Broadway (avec un épatant numéro improvisé par la fée). C'est éblouissant, hilarant et, en sourdine, «Shrek 2» nous murmure encore des choses bonnes à entendre : que l'apparence ne compte pas, du moment qu'on sait qui on est et qui on aime, et qu'il faut renoncer aux cadeaux empoisonnés pour trouver le vrai bonheur.

Marie-Noëlle Tranchant
Le Figaro

Les gens aiment bien Shrek. L'ogre vert plaît à tout le monde, aux enfants et aux adultes, aux circuits mondiaux de la grande exploitation et aux sélectionneurs pas bégueules du Festival de Cannes (le premier et le second opus furent tous deux en compétition, créant un précédent pour le cinéma d'animation). La séduction consensuelle du concept Shrek tient à un dosage habile entre premier et second degrés, avec en plus un rien de verve iconoclaste. On fait d'un ogre un prince charmant sans métamorphose, deux ou trois blagues scato viennent se caler entre le baiser et le duel, et la bave des crapauds est plus valorisée que les blanches colombes. C'est le conte de fées à l'ère de la contre-culture, Walt Disney revisité par «South Park». Si on accepte de prendre le film sur le terrain qu'il se choisit, celui de la mise à distance gentiment trash et de la relecture des contes décrassés de leur gangue idéologique originelle (indexation des valeurs morales sur les attributs physiques, militantisme pro mariage, etc.) «Shrek 2» n'est déjà pas un objet très satisfaisant. Certes, comme dans le premier, la fable prend le parti des ingrats, métamorphose un dragon en drag-queen amoureuse, professe que la beauté intérieure est plus désirable que les apprêts de la séduction physique. Il ne faut pourtant pas creuser bien profond pour trouver les points de crispation de ce pseudo-discours libertaire. La première surprise de «Shrek 2» tient à sa façon assez désinvolte de repousser les minorités à la périphérie du récit. Les deux comparses du géant vert sont un âne et un chat escrimeur (en VF : «le Chat Potté»). L'âne est doublé par Eddy Murphy ; le Chat Potté par Antonio Banderas. Tous deux en rajoutent dans l'accent de leur communauté respective, noire américaine ou hispanique. Les deux principales minorités ethniques américaines sont donc renvoyées au statut de faire-valoir. Pire, le prince charmant de pacotille qu'on veut coller de force à la Princesse Fiona est doublé par Rupert Everett. Il ne se soucie que de sa coupe de cheveux, préfère se contempler dans les miroirs que courtiser sa dulcinée, et se révèle très vite une chiffe molle manipulée par son abusive maman. C'est «Queer as Folk» chez les Schtroumpfs. Moralité : s'il est permis d'être un ogre vert pour épouser une princesse, les Blacks et les Latinos devront se contenter des miettes du festin, et les follettes narcissiques sont reconduites au vestiaire. As usual, donc. Même la grande Jennifer Saunders («Absolutely Fabulous»), expatriée outre-Atlantique, est castée dans le rôle de la méchante belle-mère, tandis que la douce reine mère a toujours la voix suave de Mary Poppins (Julie Andrews). Enfin, c'est la Princesse Fiona qui doit, par amour de Shrek, renoncer à son apparence humaine, et non l'inverse. L'ode à la beauté des laids est aussi celle de la domination masculine. Pas très «camp» tout ça, pour un film qui revendique pourtant son travail de correction du conte par les lunettes du politically correct.

Jean-Marc Lalanne
Les Inrockuptibles

TOUT POUR L'OSEILLE
BERTRAND VAN EFFENTERRE

«Le Pigeon» de Mario Monicelli, archétype inégalé du hold-up perpétré par une bande de bras cassés a fait beaucoup de petits. Bertrand Van Effenterre sacrifie ici à ce «sous-genre», tout en essayant d'y glisser un plaidoyer en faveur des laissés-pour-compte de notre société, en même temps qu'une dénonciation de certains abus. D'un côté, une femme de ménage instigatrice d'un gros coup douteux (Sylvie Testud, charisme intact), entraînant deux frères qui vivent d'expédients – amusant tandem du bien brave gars (Bruno Putzulu) et de l'arriéré mental (Laurent Lucas). De l'autre les escrocs caritatifs (Patrick Braoudé et Christophe Alévêque, parfaits dans l'ignoble). Silhouettes croquées savoureusement et gags inégaux composent cet ensemble assez poussif.

L'ÉCOLE EN CAMPAGNE
CHRISTIAN TRAN

Même si le thème fait penser à «Être et avoir» de Nicolas Philibert, ce documentaire s'en affranchit rapidement. À la manière d'un journal de bord, il suit les péripéties administratives de la fermeture puis de la réouverture d'une école élémentaire en milieu rural. À travers cette démarche citoyenne, le réalisateur nous alarme sur la place et sur la priorité de l'enseignement dans notre pays, soumis désormais à d'inconcevables impératifs de rentabilité.

MERCANO LE MARTIEN
JUAN ANTIN

Parce qu'ils ont pulvérisé son chien avec l'une de leurs sondes, Mercano le Martien débarque parmi les terriens. Bloqué pour cause d'atterrissage raté, il met à profit ce séjour forcé pour occire quelques humains et découvrir les impitoyables lois du capitalisme. Irrévérencieux, ce dessin animé argentin destiné aux adultes pose le crayon là où ça fait mal et dessine un tableau méchamment outrancier mais réjouissant de notre société moderne.

ARIMPARA
MURALI NAIR

La tache sur le menton n'est, d'abord, qu'un petit point noir et Krishanunni (Nedumudi Venu) n'y prête guère attention. Mais la tache grossit, devient une verrue encombrante. Là encore, Krishanunni n'écoute pas sa famille, mais les traditions qui lui interdisent d'être soigné par un médecin moderne. L'excroissance devient vite monstrueuse… Allégorie brillante contre l'obscurantisme – social, politique ou religieux – qui sévit encore en Inde. Visiblement tenté par le fantastique noir, le réalisateur reste prudemment du côté du conte. Cruel, mais, finalement, paisible.

Taking Lives – Destins violés

TAKING LIVES – DESTINS VIOLÉS
D. J. CARUSO

Montréal est en émoi : un tueur en série insaisissable sévit, mutilant et défigurant affreusement ses victimes. Les braves flics de la brigade des homicides (parmi lesquels Jean-Hugues Anglade et Olivier Martinez) ne sont pas ravis lorsque leur chef (Tcheky Karyo) fait appel, pour les sortir du pétrin, à une brillante profileuse du FBI, l'agent Scott (Angelina Jolie)… L'originalité de ce polar réside dans la pathologie du criminel, qui tue et «efface» ses victimes pour prendre leur place, usurper leur vie. Et puis, dans l'affrontement personnel qui va le lier à sa poursuivante qui s'achèvera dans une scène choc qu'on jugera, au choix, ridicule ou saisissante.

PAS ASSEZ DE VOLUME ! (NOTES SUR L'OMC)
VINCENT GLENN

Endossant le rôle du candide, le documentariste enquête sur l'Organisation Mondiale du Commerce, super arbitre (par principe impartial), censé surveiller l'équilibre des forces économiques dans le monde. Face aux inégalités patentes et au fait ostensible que seuls quelques pays se partagent le butin, le cinéaste cherche à mesurer les responsabilités réciproques. Un acte citoyen, sobre et didactique, non dénué d'humour et de lucidité.

ROUTE 181
MICHEL KHLEIFI ET EYAL SIVAN

Durant deux mois, le réalisateur palestinien Michel Khleifi et le cinéaste israélien Eyal Sivan ont parcouru la «route 181». À savoir la ligne de démarcation, prévue, en 1947, par les Nations Unies pour séparer la Palestine du nouvel état d'Israël. Leur but : prouver que tous les villages existants ont été rasés et que des massacres y ont été commis. Un document engagé, partial et, donc, forcément partiel.

LIFE AND DEBT
STÉPHANIE BLACK

Il existe deux façons de percevoir la Jamaïque. Comme un paradis pour les touristes. Ou comme un enfer pour les autochtones sous le joug des politiques occidentales étouffant toute économie locale et autonome. La réalisatrice confronte ces deux points de vue de manière souvent ludique, jamais gratuite. Argumentant son discours (données chiffrées, interviews…), elle signe un impeccable manifeste engagé contre l'ingérence grandissante des grandes puissances.

Young Adam

YOUNG ADAM
DAVID McKENZIE

Écosse, années 50. Un jeune homme, Joe (Ewan McGregor), travaille sur une péniche, couche avec sa patronne (Tilda Swinton) et évince même un temps le mari de celle-ci (Peter Mullan). Le corps d'une femme remonte à la surface. Et avec cette jeune morte, se révèlent les incapacités chroniques de Joe à se fixer, à s'attacher, à s'engager. Casting de choix pour cette adaptation d'un roman sombre d'Alexander Trocchi. Malheureusement, la mise en scène et le montage peinent à révéler les douleurs profondes derrière des situations glauques dont l'accumulation finit par lasser.

L'AUTRE
BENOÎT MARIAGE

Essai ambitieux par le réalisateur des «convoyeurs attendent», auteur par ailleurs de nombreux reportages pour la star des émissions belges : «Striptease». Claire (Dominique Baeyens) attend des jumeaux. Trop de soucis, trop d'angoisse. Perdue, paumée, elle décide de n'en garder qu'un... Ce geste provoque le départ de son mari, Pierre (Philippe Grand'henry) et sa rencontre avec un handicapé, Laurent (Laurent Kenhuen) qui s'attache à elle, au point de refuser de retourner dans son centre. La solitude éperdue du jeune homme va permettre à Claire de guérir de sa culpabilité... Silence. Austérité. On est sensible à la démarche du réalisateur, toute en délicatesse. Mais on reste perplexe devant le résultat, tant la rédemption de l'héroïne manque singulièrement de grâce.

ALMA LA FIANCÉE DU VENT
BRUCE BERESFORD

Alma Mahler (Sarah Wynter) fut non seulement l'épouse du célèbre compositeur (Jonathan Pryce) mais aussi la muse d'un certain nombre d'artistes majeurs parmi lesquels le peintre Klimt. Pour retracer la biographie de cette femme féministe avant l'heure, le cinéaste a privilégié le décorum et la reconstitution historique, délaissant la complexité de son héroïne. Affadi, sans consistance, le personnage erre dans les décors avec l'épaisseur d'une figure d'opérette.

MADAME ÉDOUARD
NADINE MONFILS

Un flic débonnaire et amateur de tricot (Michel Blanc) enquête sur une série de meurtres perpétrés dans un cimetière. Pendant ce temps, un travesti vieillissant (Didier Bourdon) découvre les joies de la paternité. En adaptant son propre roman, Nadine Monfils signe son premier long métrage et s'amuse à détourner les codes du genre. Trop appuyée, la parodie dessert l'enjeu de cette comédie policière.

Van Helsing

VAN HELSING
STEPHEN SOMMERS

Dans le roman de Bram Stoker, «Dracula», comme dans ses multiples adaptations, le professeur Van Helsing est un vieil homme intransigeant et quelque peu puritain dans sa lutte acharnée contre les vampires. Le transformer en jeune premier athlétique pour en faire un héros pour teenagers, tel est le pari de Stephen Sommers, qui s'est lancé dans le fantastique de grande consommation avec «La Momie» et sa suite. On pouvait tout craindre d'un tel projet... Or, le prologue est un régal pour tout fan, un délirant hommage aux classiques du Studio Universal des années 30. Dès lors, il est aisé d'accepter que le fringant Hugh Jackman soit cet intrépide chasseur de vampires et de loups-garous, face à un fascinant Richard Roxburgh en comte Dracula. Mr. Hyde et le monstre de Frankenstein sont également de la partie, entre Paris et la Transylvanie. Décors et costumes superbes, effets spéciaux impressionnants, rythme entraînant : une réussite.

T'CHOUPI
JEAN-LUC FRANÇOIS

Héros d'une série télévisée très populaire auprès du jeune public, T'choupi est un bébé pingouin. Son doudou sous le bras, il investit le grand écran pour y vivre une aventure mouvementée à la poursuite d'une ombre inquiétante dérobant les jouets des enfants. Des couleurs vives, une ligne graphique toute en rondeur, un doigt de suspense et une morale un peu convenue sur les bienfaits de l'amitié : le film est parfaitement ajusté aux attentes des tout-petits.

192 **GENTE DI ROMA**
ETTORE SCOLA
Ettore Scola, avec une modestie un peu désabusée, l'air de dire : «Vous ne croyez tout de même pas que je vais trouver aujourd'hui le financement d'un grand film en costumes comme «La Nuit de Varennes» par exemple», propose avec «Gente di Roma» un carnet de croquis, un enchaînement de petites eaux-fortes, tour à tour légères et graves, dessinées avec la collaboration de ses deux filles. Le trait de Scola est sûr, la caméra numérique le rend vif, aigu. Comedia, tragedia, une jolie conductrice de bus fait le lien un peu forcé entre les épisodes, histoire de baliser l'itinéraire. Voici les travailleurs immigrés, les joueurs de bingo, le chômeur désœuvré, les inévitables laveurs de pare-brise, et même Stefania Sandrelli jouant au naturel (enfin presque) les grands-mères dans un jardin public. Voilà une grande manif anti-Berlusconi où l'on aperçoit Nanni Moretti, une scène très forte dans le «ghetto» de Rome, et, si juste, cruel et émouvant, comme une coda au «Dîner» de 1999, le tête-à-tête dans un restaurant entre un père qui perd la boule et son fils qui s'apprête à le faire entrer dans une «maison de vacances». Au petit matin, Piazza Navonna, un vieil homme d'une élégance d'un autre temps, descend d'un fiacre et va s'asseoir sur un banc de pierre. Un clochard y est déjà. Ils se connaissent, échangent quelques mots courtois. La lumière est sublime.

Gente di Roma

LE JOUR D'APRÈS
ROLAND EMMERICH
En pleine réunion internationale à New Delhi, où il neige pour la première fois, un climatologue américain (Dennis Quaid) dénonce avec véhémence l'inaction de son gouvernement devant les dangers de l'émission des gaz à effets de serre. On le traite par le mépris. Puis tout se précipite. La rupture d'une banquise provoque une série de phénomènes météorologiques d'une ampleur sans précédent. De violentes tornades dévastent Los Angeles, une tempête de grêle détruit Tokyo, un raz-de-marée engloutit New York, suivi d'un ouragan glacé… On est ébahi devant ces images impressionnantes d'un réalisme rarement atteint dans le genre du film catastrophe. On reste plus dubitatif sur l'intrigue dont Roland Emmerich, loi hollywoodienne oblige, a dû respecter les lignes toutes tracées. L'histoire est lourdement emblématique : rapports édifiants d'un ado avec son père héroïque (et divorcé), présence parmi les rares survivants d'un échantillon très politiquement correct des minorités (un noir, clochard mais philosophe, avec chien). Mais, le film très spectaculaire a été unanimement salué pour la surprenante autocritique qu'il contient : n'y est-il pas rappelé à plusieurs reprises que les États-Unis n'ont toujours pas signé les accords de Kyoto ?

Mariages !

MARIAGES !
VALÉRIE GUIGNABODET
Sur l'affiche et tout au long du film de Valérie Guignabodet, ce ne sont qu'aphorismes plus ou moins grinçants sur le mariage, style «L'amour est aveugle, le mariage lui rend la vue»… La réalisatrice de «Monique» exploite ici une recette souvent éprouvée au cinéma : explorer la journée d'un mariage. Il suffit d'accumuler les personnages forcément réunis pour l'occasion et de les laisser s'agiter, leur offrant des dialogues percutants, ou du moins voulus tels. Le résultat est qu'on ne s'ennuie pas, en compagnie de Miou-Miou, Didier Bezace, Mathilde Seigner, Lio, Antoine Duléry et les autres, tous ces couples boiteux, amochés, ou faussement parfaits, qui vont soudain se révéler tels qu'ils sont. Bien sûr, il faut qu'à la fin tout le monde soit content : le happy end est de rigueur… si miraculeux soit-il. Dans cette chronique naturaliste, la féerie arrive comme une invitée indésirable.

FRÈRES
XAVIER DE CHOUDENS
La mère vient de mourir. L'un des fils, en liberté surveillée (Serge Riaboukine) s'enfuit pour retrouver son frère (Mathieu Genet) qui travaille dans un abattoir. L'occasion, pour lui, de renouer des liens distendus… Sombre face-à-face, tout de rage froide, porté par des acteurs inspirés. Trop maniéré, hélas, pour émouvoir, ou convaincre tout à fait.

CODY BANKS, AGENT SECRET 2 : DESTINATION LONDRES
KEVIN ALLEN
Poursuivant un redoutable agent double qu'il a laissé s'échapper, Cody Banks (Frankie Muniz), adolescent travaillant pour la CIA, est envoyé dans la capitale anglaise. Afin de garantir son anonymat, il se fait passer pour un jeune musicien virtuose. Postulat moyennement hilarant d'où découlent des gags poussiéreux, principales clefs de voûte de cette comédie d'espionnage pour teenagers, avec poursuites arthritiques et gadgets déjà-vu.

Wonderful Days

REAL MOVIE
STÉPHANE ROBELIN
Un cinéaste braque sa caméra sur son ami, dont il chamboule la vie privée en faisant fuir sa copine, puis en lui présentant un travesti... Image moche, clichés déplaisants... Faire du cinéma vérité en fabriquant du mensonge n'est pas un paradoxe suffisant pour remplir un film.

WONDERFUL DAYS
KIM MOON-SAENG
Décidément, les Coréens du Sud réussissent tout, même l'animation futuriste. Donc, notre planète a fini par crouler. Pas tout à fait, en fait : parce qu'ils ont su recycler la pollution ambiante, quelques privilégiés de la cité Ecoban ont la belle vie. Que leur envient les bannis d'une autre cité, Marr, peuplée de miséreux condamnés, eux, à survivre dans les miasmes. Un beau rebelle de Marr, Shua, pénètre dans la tour d'Ecoban qui transforme la pollution en énergie bénéfique. Il est surpris par Jay, une femme flic qui le laisse partir, reconnaissant en lui son premier amour. L'ami de la jeune femme ne l'entend pas de cette oreille… Sorte de «Jules et Jim» au pays des mangas, le film mêle avec bonheur le sentiment et l'épopée. Tout est très beau et très culturel : le graphisme du combat de deux des héros, oscille entre vitrail du Moyen Âge et toile de Klimt.

THE DEVIL'S FIRE
CHARLES BURNETT
Quatrième film de la collection «The Blues», celui de Burnett joue la nostalgie à travers le regard d'un petit garçon, entraîné par son oncle dans une ronde heureuse où des femmes à la voix envoûtante lui ouvrent la voie du blues. Imparfaite, la fiction ne sert malheureusement qu'à introduire un collage d'images d'archives ou «live» toujours intéressantes (Sister Rosetta Tharpe, Bessie Smith, Ida Cox) sans jamais pousser aussi loin que Wenders («The Soul of a Man», voir premier trimestre) dans le registre du cinéma.

WONDERLAND
JAMES COX
Star du cinéma porno américain de la grande époque, surnommé «Monsieur 30 centimètres», John Holmes est mort du sida. Le cinéma a déjà plongé dans sa biographie en faisant de lui le héros de «Boogie Nights» de Paul Thomas Anderson. En 1981, il avait été impliqué dans une mystérieuse affaire de meurtre, pour ne pas dire de massacre. James Cox a reconstitué cet horrible fait-divers avec Val Kilmer en Holmes, Lisa Kudrow jouant sa femme Sharon. Atmosphère glauque, fascinante à la longue, mais on eût préféré que Cox n'en rajoute pas dans la confusion en multipliant les effets visuels et sonores, flash-back désordonnés, images agitées et autres redondances mode.

Le 57e Festival de Cannes

Palme de destruction massive

Fahrenheit 9/11

Oui, c'est un film politique qui a remporté la Palme d'Or 2004. Un tract électoral anti-Bush réalisé par un sale gosse d'Américain à casquette qui donne à voir et à entendre quelques vérités – sur les minorités comme chair à canon, sur les vacances du Président et son incroyable inertie dans une salle de classe tandis que les tours du World Trade Center tombaient, sur la dure réalité des blessures et des morts infligées aux Irakiens comme aux Américains. De mauvaise foi, Michael Moore ? Oui. Sans aucun doute. On a envie d'ajouter : «mais ce n'est pas lui qui a commencé» ! Que «Fahrenheit 9/11» soit ou non une Palme, nous le saurons plus tard. Mais une chose est sûre : c'est du cinéma. Dans son genre. Du cinéma qui se pose des questions – que montrer, comment, jusqu'où et pour quoi faire ?– et qui y répond. Si un festival se doit d'être le reflet d'une année cinématographique, ce 57e cru l'était assurément.

Exils

Animation («Shrek 2» de Andrew Adamson, Kelly Asbury et Conrad Vernon, «Innocence» de Mamoru Oshii), documentaires («Mondovino» de Jonathan Nossiter, «10e chambre instants d'audience» de Raymond Depardon présenté hors compétition), fictions grand public («Ladykillers» des frères Coen, «The Life and Death of Peter Sellers» de Stephen Hopkins) ou plus pointues («La Niña Santa» de Lucrecia Martel, «Tropical Malady» de Apichatpong Weerasethakul), déjà-cultes («2046» de Wong Kar-wai)... Il y en avait pour tous les goûts, même si l'on sentait bien, aussi, qu'il y en avait beaucoup pour le goût de Quentin Tarantino, autre sale gosse d'Américain, président du Jury composé de Mesdames Edwige Danticat, Emmanuelle Béart, Kathleen Turner, Tilda Swinton et de Messieurs Tsui Hark, Jerry Schatzberg, Peter Von Bagh et Benoît Poelvoorde. Au final, le palmarès est assez représentatif de la qualité d'une sélection riche et variée. Que la France au grand complet s'y retrouve – Prix d'interprétation féminine à Maggie Chung pour «Clean» d'Olivier Assayas, Prix du scénario à Jean-Pierre Bacri et Agnès Jaoui pour «Comme une image» réalisé par cette dernière, Prix de la mise en scène à Tony Gatlif pour «Exils»– est un peu troublant. Que Walter Salles et son «Carnets de voyage» sur la jeunesse de Che Guevara interprété par le très charismatique Gael Garcia Bernal n'y soit pas, un peu dérangeant. Que «Old Boy», film-esbrouffe du coréen Park Chanwook, annoncé comme LE coup de cœur du Président rafle le Grand Prix du Jury est vaguement agaçant... Chaque année ça grince et ça chipote. Souvent, il y a des hauts et des bas.

Ladykillers

Clean

Old Boy

Cette année, surtout des hauts, et débat. Un gros tumulte de onze jours avec des stars, la présence studieuse du nouveau ministre de la Culture Renaud Donnedieu de Vabres, et des intermittents du spectacle plus sages qu'annoncés. Plus une innovation : Palmarès le samedi et conférence de presse du Jury le lendemain. Un jury au complet qui accueillait en haut des marches, pour une dernière projection, l'équipe de Michael Moore, Palme d'Or 2004. Belle image.

Isabelle Danel

Le palmarès

PALME D'OR	**«FAHRENHEIT 9/11»** de Michael Moore (États-Unis)
PRIX D'INTERPRÉTATION FÉMININE	**MAGGIE CHEUNG** pour «Clean» d'Olivier Assayas (France)
PRIX D'INTERPRÉTATION MASCULINE	**YAGIRA YUUYA** pour «Nobody Knows» d'Hirokazu Kore-eda (Japon)
GRAND PRIX DU JURY	**«OLD BOY»** de Park Chan-wook (Corée du Sud)
PRIX DE LA MISE EN SCÈNE	**«EXILS»** de Tony Gatlif (France)
PRIX DU SCÉNARIO	**«COMME UNE IMAGE»** de Jean-Pierre Bacri et Agnès Jaoui (France)
PRIX DU JURY	(Ex-aequo) l'actrice **IRMA P. HALL** pour «Ladykillers» de Joel et Ethan Coen (États-Unis) et le film **«TROPICAL MALADY»** de Apichatpong Weerasethakul (Thaïlande)
CAMÉRA D'OR	**«OR (MON TRÉSOR)»** de Keren Yedaya (France/Israël), Semaine de la Critique
MENTION SPÉCIALE À LA CAMÉRA D'OR	**«PASSAGES»** de Yang Chao (Un certain Regard) et **«BITTER DREAM»** de Mohsen Amiryoussefi (Quinzaine des Réalisateurs)
PALME D'OR DU COURT MÉTRAGE	**«TRAFIC»** de Catalin Mitulescu (Roumanie)
PRIX DU JURY DU COURT MÉTRAGE	**«FLATLIFE»** de Jonas Geirnaert (Belgique)
PRIX UN CERTAIN REGARD	**«MOOLAADÉ»** de Ousmane Sembene (Sénégal)
PRIX DE LA CINÉFONDATION	
PREMIER PRIX	**«HAPPY NOW»** de Frederikke Aspöck (Etats-Unis)
DEUXIÈME PRIX	(Ex-aequo) **«A TRIP TO THE CITY»** de Corneliu Porumboiu (Roumanie)
	«99 YEARS OF MY LIFE» de Marja Mikkonen (Finlande)
TROISIÈME PRIX	**«NICE TO SEE YOU»** de Jan Komasa (Pologne)

Autres prix

PRIX DE LA 43E SEMAINE INTERNATIONALE DE LA CRITIQUE	
GRAND PRIX DE LA SEMAINE DE LA CRITIQUE	(Ex-aequo) **«BRODEUSES»** de Éléonore Faucher (France)
	«OR (MON TRÉSOR)» de Keren Yedaya (France/Israël)
PRIX SACD POUR LE SCÉNARIO	(Ex-aequo) **ÉLÉONORE FAUCHER** et **GAELLE MACÉ** pour «Brodeuses» et **KEREN YEDAYA** et **SARI EZOUS** pour «Or (Mon trésor)»
PRIX CANAL + DU MEILLEUR COURT MÉTRAGE	**«RYAN»** de Chris Landreth (Canada)
PRIX DÉCOUVERTE KODAK DU COURT MÉTRAGE	**«RYAN»** de Chris Landreth (Canada)
PRIX DE LA FIPRESCI	**«ATASH (Soif)»** de Tawfik Abu Wael (Israël/Palestine)
PRIX DE LA (TOUTE) JEUNE CRITIQUE POUR LE COURT MÉTRAGE	**«RYAN»** de Chris Landreth (Canada)
PRIX DE LA (TOUTE) JEUNE CRITIQUE POUR LE LONG MÉTRAGE	**«OR (MON TRÉSOR)»** de Keren Yedaya (France/Israël)
PRIX REGARDS JEUNES POUR LE COURT MÉTRAGE	**«L'HOMME SANS OMBRE»** de Georges Schwizgebel (Canada/Suisse)
PRIX REGARDS JEUNES POUR LE LONG MÉTRAGE	**«OR (MON TRÉSOR)»** de Keren Yedaya (France/Israël)
RAILS D'OR	
PETIT RAIL D'OR DU MEILLEUR COURT MÉTRAGE	**«ALICE ET MOI»** de Micha Wald (Belgique)
GRAND RAIL D'OR DU MEILLEUR LONG MÉTRAGE	**«CQ2 (SEEK YOU TOO)/TOUT PRÈS DU SOL»** de Carole Laure (Canada/France)
PRIX DU REGARD ORIGINAL	**«WHISKY»** de Juan-Pablo Rebella et Pablo Stoll (Uruguay) et **«TERRE ET CENDRES»** de Atiq Rahimi Afghanistan)
PRIX VULCAIN DE L'ARTISTE-TECHNICIEN DÉCERNÉ PAR LA CST	**ERIC GAUTIER,** directeur de la photographie pour «Clean» d'Olivier Assayas et «Carnets de voyage» de Walter Salles
REGARDS JEUNES	**«BITTER DREAM»** de Moshen Amiryoussefi (Iran)/ Quinzaine des Réalisateurs
LABEL EUROPA CINÉMAS/QUINZAINE DES RÉALISATEURS	**«DANS LES CHAMPS DE BATAILLE»** de Danielle Arbid (Liban/Belgique/France)
PRIX AFCAE/QUINZAINE DES RÉALISATEURS	**«THE WOODSMAN»** de Nicole Kassel (États-Unis)

Récompenses

Les Choristes de Christophe Barratier

Prix

62E PRIX LOUIS DELLUC

Ex-æquo : **«UN COUPLE ÉPATANT/CAVALE/APRÈS LA VIE»** de Lucas Belvaux et **«LES SENTIMENTS»** de Noémie Lvovsky
«IL EST PLUS FACILE POUR UN CHAMEAU...» de Valeria Bruni-Tedeschi (Premier film)

53E PRIX JEAN VIGO

LONG MÉTRAGE : «QUAND JE SERAI STAR» de Patrick Mimouni
COURT MÉTRAGE : «QUAND LA NUIT SERA LONGUE» d'Olivier Torres

PRIX DU SYNDICAT DE LA CRITIQUE

PRIX MÉLIÈS DU MEILLEUR FILM FRANÇAIS :
«UN COUPLE ÉPATANT/CAVALE/APRÈS LA VIE» de Lucas Belvaux

PRIX LÉON MOUSSINAC DU MEILLEUR FILM ÉTRANGER :
«ELEPHANT» de Gus van Sant

PRIX DU MEILLEUR PREMIER FILM FRANÇAIS :
«DEPUIS QU'OTAR EST PARTI...» de Julie Bertuccelli

PRIX NOVAIS-TEXEIRA DU MEILLEUR COURT MÉTRAGE FRANÇAIS : «ANNA, 3 KG 2» de Laurette Polmanss

PRIX DU MEILLEUR LIVRE FRANÇAIS SUR LE CINÉMA :
«26 SECONDES, L'AMÉRIQUE ÉCLABOUSSÉE – L'ASSASSINAT DE J.F.K. ET LE CINÉMA AMÉRICAIN» de Jean-Baptiste Thoret, Éditions Rouge Profond

PRIX DU MEILLEUR LIVRE ÉTRANGER SUR LE CINÉMA :
«DAVID LEAN, UNE VIE DE CINÉMA» de Kevin Brownlow-Éditions Corlet/Cinémaction, Cinémathèque Française

PRIX DU MEILLEUR ALBUM SUR LE CINÉMA :
«LE DÉCOR AU CINÉMA» de Jean-Pierre Berthomé, Éditions Cahiers du Cinéma

PRIX JEAN GABIN : Lorànt Deutsch
PRIX ROMY SCHNEIDER : Laura Smet

20E PRIX TRÈS SPÉCIAL :

«CALVAIRE» de Fabrice du Welz

FESTIVALS

60E MOSTRA DE VENISE

LION D'OR : «LE RETOUR» (Vosvraschenie) de Andrey Zvyagintsev (Russie)
LION D'ARGENT : «LE CERF-VOLANT» de Randa Chahal Sabbag (France-Liban)
PRIX DE LA MISE EN SCÈNE : «ZATOICHI» de Takeshi Kitano (Japon)
PRIX DE LA MEILLEURE CONTRIBUTION ARTISTIQUE : «BUONGIORNO, NOTTE» de Marco Bellocchio (Italie)
COUPE VOLPI DE LA MEILLEURE ACTRICE : KATJA RIEMANN dans «Rosenstrasse» de Margarethe von Trotta (Allemagne)
COUPE VOLPI DU MEILLEUR ACTEUR : SEAN PENN dans «21 GRAMMES» de Alejandro Gonzales Iñarritu (États-Unis)
PRIX MARCELLO MASTROIANNI POUR UNE JEUNE ACTRICE : NAJAT BESSALEM dans «RAJA» de Jacques Doillon (France)

SECTION CONTROCORRENTE
PRIX DU MEILLEUR FILM :
«VODKA LEMON» de Hiner Saleem (France)
PRIX DU MEILLEUR RÉALISATEUR :
MICHAEL SCHORR pour «Schultze Gets the Blues» (Allemagne)
PRIX DU MEILLEUR ACTEUR :
ASANO TADANOBU pour «Last Life in the Universe» de Pen-ek Ratanaruang (Thaïlande)
PRIX DE LA MEILLEURE ACTRICE :
SCARLETT JOHANSSON pour «Lost in Translation» de Sofia Coppola (États-Unis)

29E FESTIVAL DE DEAUVILLE

GRAND PRIX DU CINÉMA INDÉPENDANT AMÉRICAIN : «WHAT ALICE FOUND» de A. Dean Bell
PRIX DU JURY DU CINÉMA INDÉPENDANT AMÉRICAIN : «THIRTEEN» de Catherine Hardwicke
PRIX JOURNAL DU DIMANCHE DU PUBLIC : «ATTRACTION FATALE/DOT THE I» de Matthew Parkhill
PRIX DE LA CRITIQUE INTERNATIONALE : «AMERICAN SPLENDOR» de Shari Springer Berman et Robert Pulcini
PRIX DES LECTEURS PREMIERE : «MILWAUKEE, MINNESOTA» d'Allan Mindel
GRAND PRIX DU COURT MÉTRAGE : «WHAT ARE YOU HAVING ?» de Benjamin Meyer
PRIX ZIPPO DE «LA PERSONNALITÉ AYANT ENFLAMMÉ LE FESTIVAL» : PEYTON REED, réalisateur de «Bye Bye Love»
PRIX MICHEL D'ORNANO : «DEPUIS QU'OTAR EST PARTI» de Julie Bertuccelli (France)

54E FESTIVAL DE BERLIN

OURS D'OR : «HEAD-ON» de Fatih Akin (Allemagne)
GRAND PRIX DU JURY – OURS D'ARGENT : «LE FILS D'ELIAS» de Daniel Burman
OURS D'ARGENT DU MEILLEUR RÉALISATEUR : KIM KI-DUK pour «Samaria /La Samaritaine» (République de Corée)
OURS D'ARGENT DE LA MEILLEURE ACTRICE Ex-æquo : CATALINA SANDINO MORENO pour «Maria pleine de grâce» de Joshua Marston (Colombie) et CHARLIZE THERON pour «Monster» de Patty Jenkins (États-Unis)
OURS D'ARGENT DU MEILLEUR ACTEUR : DANIEL HENDLER pour «Le Fils d'Elias» de Daniel Burman (Argentine)
OURS D'ARGENT DE LA MEILLEURE CONTRIBUTION ARTISTIQUE : l'ensemble de l'équipe du film «Om Jag Vänder R Mig Om/Daybreak» de Björn Runge (Suède)
OURS D'ARGENT POUR LA MEILLEURE MUSIQUE : BANDA OSIRIS pour «Primo Amore – Premier amour» de Matteo Garrone (Italie)
PRIX ANGE BLEU DU MEILLEUR FILM EUROPÉEN : «OM JAG VÄNDER MIG OM/DAYBREAK» de Björn Runge (Suède)
PRIX ALFRED BAUER RÉCOMPENSANT UNE ŒUVRE NOVATRICE : «MARIA, PLEINE DE GRÂCE» de Joshua Marston (Colombie)
OURS D'OR POUR L'ENSEMBLE DE SA CARRIÈRE : FERNANDO SOLANAS
OURS D'OR DU COURT MÉTRAGE : «UN CARTUS DE KENT SI UN PACHET DE CAFEA» de Cristi Puiu (Roumanie)
OURS D'ARGENT DU COURT MÉTRAGE : «VET !» de Karin Junger et Brigit Hillenius (Hollande)

16E FESTIVAL PREMIERS PLANS D'ANGERS

GRAND PRIX DU JURY : «STARUKHI/LES VIEILLES» de Gennady Sidorov (Russie)
MENTION SPÉCIALE : «MALEN'KIE LJUDI/LES PETITES GENS» de Nariman Turebayev (Kazakhstan)
PRIX DU PUBLIC : «TORZIJA» de Stefan Arsenijevic (Slovénie)
PRIX ARTE : «TORZIJA» de Stefan Arsenijevic (Slovénie)
PRIX UIP : «POVESTE LA SCARA» «C» de Cristian Nemescu (Roumanie)
PRIX JEAN CARMET : TAMAS POLGAR pour «Szép Napol/Jours heureux» de Kornél Mundruczo (Hongrie)
PRIX MADEMOISELLE LADUBAY : ORSOLYA TOTH pour «Szép Napol/Jours heureux» de Kornél Mundruczo (Hongrie)

Box-office

29ᴱ NUIT DES CÉSARS

MEILLEUR FILM : «LES INVASIONS BARBARES» de Denys Arcand
MEILLEUR RÉALISATEUR : DENYS ARCAND pour «Les Invasions Barbares»
MEILLEURE ACTRICE : SYLVIE TESTUD dans «Stupeur et tremblements» d'Alain Corneau
MEILLEUR ACTEUR : OMAR SHARIF dans «Monsieur Ibrahim et les fleurs du Coran» de François Dupeyron
MEILLEURE ACTRICE DANS UN SECOND RÔLE : JULIE DEPARDIEU dans «La Petite Lili» de Claude Miller
MEILLEUR ACTEUR DANS UN SECOND RÔLE : DARRY COWL dans «Pas sur la bouche» d'Alain Resnais
MEILLEUR JEUNE ESPOIR FÉMININ : JULIE DEPARDIEU dans «La Petite Lili» de Claude Miller
MEILLEUR JEUNE ESPOIR MASCULIN : GREGORI DERANGERE dans «Bon voyage» de Jean-Paul Rappeneau
MEILLEUR SCÉNARIO ORIGINAL OU ADAPTATION : DENYS ARCAND pour «Les Invasions barbares»
MEILLEURE PHOTO : THIERRY ARBOGAST pour «Bon voyage» de Jean-Paul Rappeneau
MEILLEUR SON : GERARD HARDY, GÉRARD LAMPS, JEAN-MARIE BLONDEL pour «Pas sur la bouche» d'Alain Resnais
MEILLEUR MONTAGE : VALÉRIE LOISELEUX, LUDO TROCH, DANIELLE ANEZIN pour «Un couple Épatant/Cavale/Après la vie» de Lucas Belvaux
MEILLEUR DÉCOR : CATHERINE LETERRIER ET JACQUES ROUXEL pour «Bon voyage» de Jean-Paul Rappeneau
MEILLEUR COSTUME : JACKIE BUDIN pour «Pas sur la bouche» d'Alain Resnais
MEILLEURE MUSIQUE ÉCRITE POUR UN FILM : BENOIT CHAREST pour «Les Triplettes de Belleville» de Sylvain Chomet
MEILLEURE PREMIERE ŒUVRE DE FICTION : «DEPUIS QU'OTAR EST PARTI...» de Julie Bertuccelli
MEILLEUR COURT MÉTRAGE : «L'HOMME SANS TETE» de Juan Solanas
MEILLEUR FILM DE L'UNION EUROPÉENNE : «GOOD BYE LENIN !» de Wolfgang Becker (Allemagne)
MEILLEUR FILM ÉTRANGER : «MYSTIC RIVER» de Clint Eastwood

75ᴱ NUIT DES OSCARS

MEILLEUR FILM : «LE SEIGNEUR DES ANNEAUX : LE RETOUR DU ROI» de Peter Jackson
MEILLEUR RÉALISATEUR : PETER JACKSON pour : «Le Seigneur des anneaux : Le Retour du Roi»
MEILLEURE ACTRICE : CHARLIZE THERON pour «Monster» de Patty Jenkins
MEILLEUR ACTEUR : SEAN PENN pour «Mystic River» de Clint Eastwood
MEILLEURE ACTRICE DANS UN SECOND RÔLE : RENEE ZELLWEGER pour «Retour à Cold Mountain» d'Anthony Minghella
MEILLEUR ACTEUR DANS UN SECOND RÔLE : TIM ROBBINS pour «Mystic River» de Clint Eastwood
MEILLEUR SCÉNARIO ORIGINAL : SOFIA COPPOLA pour «Lost in Translation»
MEILLEURE ADAPTATION : PHILIPPA BOYENS, PETER JACKSON, FRANCES WALSH pour «Le Seigneur des anneaux : Le Retour du Roi» de Peter Jackson
MEILLEURE PHOTOGRAPHIE : RUSSELL BOYD pour «Master and Commander. De l'autre côté du monde» de Peter Weir
MEILLEUR MONTAGE : JAMIE SELKIRK pour «Le Seigneur des anneaux : Le Retour du Roi» de Peter Jackson
MEILLEUR MONTAGE SON : RICHARD KING pour «Master and Commander : l'autre côté du monde» de Peter Weir
MEILLEURE DIRECTION ARTISTIQUE : GRANT MAJOR, DAN HENNAH, ALAN LEE pour «Le Seigneur des anneaux : Le Retour du Roi» de Peter Jackson
MEILLEURS COSTUMES : NGILA DICKSON pour «Le Seigneur des anneaux : Le Retour du Roi» de Peter Jackson
MEILLEUR MAQUILLAGE : RICHARD TAYLOR, PETER KING pour «Le Seigneur des anneaux : Le Retour du Roi» de Peter Jackson
MEILLEURE MUSIQUE ORIGINALE : HOWARD SHORE pour «Le Seigneur des anneaux : Le Retour du Roi» de Peter Jackson
MEILLEURE CHANSON ORIGINALE : «INTO THE WEST» de Frances Walsh, Howard Shore, Annie Lennox pour «Le Seigneur des anneaux : Le Retour du Roi» de Peter Jackson
MEILLEUR SON : CHRISTOPHER BOYES, MICHAEL SEMANICK, MICHAEL HEDGES, HAMMOND PEEK pour «Le Seigneur des anneaux : Le Retour du Roi» de Peter Jackson
MEILLEURS EFFETS SPÉCIAUX : JIM RYGIEL, JOE LETTERI, RANDALL WILLIAM COOK, ALEX FUNKE pour «Le Seigneur des anneaux : Le Retour du Roi» de Peter Jackson
MEILLEUR LONG MÉTRAGE D'ANIMATION : «LE MONDE DE NEMO» de Andrew Stanton
MEILLEUR LONG MÉTRAGE DOCUMENTAIRE : «THE FOG OF WAR» de Errol Morris et Michael Williams
MEILLEUR COURT MÉTRAGE DE FICTION : «TWO SOLDIERS» de Aaron Schneider et Andrew J. Sacks
MEILLEUR COURT MÉTRAGE DOCUMENTAIRE : «CHERNOBYL HEART» de Maryann DeLeo
MEILLEUR COURT MÉTRAGE D'ANIMATION : «HARVIE KRUMPET» de Adam Elliot
MEILLEUR FILM ÉTRANGER : «LES INVASIONS BARBARES» de Denys Arcand (Canada)

Les vingt-cinq succès de la saison
(en nombre d'entrées France)

1.	«LE MONDE DE NEMO»	9 378 852
2.	«LE SEIGNEUR DES ANNEAUX : LE RETOUR DU ROI»	7 382 028
3.	«LES CHORISTES»	6 936 057
4.	«HARRY POTTER ET LE PRISONNIER D'AZKABAN»	6 690 617
5.	«SHREK 2»	5 611 677
6.	«PIRATES DES CARAÏBES»	3 884 808
7.	«PODIUM»	3 559 512
8.	«FRÈRE DES OURS»	3 556 457
9.	«MATRIX REVOLUTIONS»	3 535 174
10.	«TERMINATOR 3 – LE SOULÈVEMENT DES MACHINES»	3 307 768
11.	«DEUX FRÈRES»	3 185 757
12.	«TAIS-TOI !»	3 135 805
13.	«LES 11 COMMANDEMENTS»	2 937 370
14.	«BRUCE TOUT-PUISSANT»	2 682 285
15.	«TROIE»	2 681 989
16.	«LE JOUR D'APRÈS»	2 536 679
17.	«LE DERNIER SAMOURAÏ»	2 207 724
18.	«SPIDER-MAN 2»	2 100 789
19.	«LES RIVIÈRES POURPRES 2 - LES ANGES DE L'APOCALYPSE»	2 087 544
20.	«MARIAGES !»	1 970 609
21.	«BAD BOYS II»	1 941 521
22.	«AMERICAN PIE : MARIONS-LES !»	1 937 464
23.	«KILL BILL : VOLUME I»	1 921 855
24.	«DOUBLE ZÉRO»	1 809 738
25.	«LA PASSION DU CHRIST»	1 762 536

Chiffres fournis par l'hebdomadaire «Le Film français» (Arrêtés au 23 juillet 2004).

Les premiers films

Alain Guiraudie («Pas de repos pour les braves») n'est pas référencé ici, car il était déjà dans *L'Année du Cinéma 2001* pour son moyen métrage, «Du soleil pour les gueux».

DOMINIQUE ABEL
POLIGONO SUR, SÉVILLE CÔTÉ SUD
Française, née en 1957. Elle se prend de passion pour l'Espagne et le Flamenco et va s'installer à Madrid à l'âge de dix-sept ans. Actrice, elle est apparue notamment dans «Mécaniques célestes» de Fina Torres. Elle a réalisé trois courts métrages de fiction – «Merci Cupidon», «Rosita» et «Walking on the Wild Side» (ces deux derniers étant co-réalisés avec Fiona Gordon) – et un documentaire de 58 minutes pour la télévision, «Agujetas Cantaor», consacré au chanteur Manuel Agujetas.

KARIM AINOUZ
MADAME SATÃ
Né le 17 janvier 1966 à Fortalesa, au Brésil, il a obtenu son diplôme d'Architecture à l'Université de Brasilia et son diplôme de Théorie du Cinéma à l'Université de New York. Il s'est ensuite spécialisé dans la critique cinématographique grâce au programme d'études indépendantes du Whitney Museum. Assistant à la réalisation et monteur, il a travaillé notamment sur «Poison» de Todd Haynes, «Swoon» de Tom Kalin, «Postcards from America» de Steve McLean. Il est le co-scénariste d'«Avril brisé» de Walter Salles. On lui doit quatre courts métrages – «O Preso» (1991), «Paixão Nacional» (1994), «Hic Habitat Felicitas» (1996), «Rifa-me» (2000) – et un documentaire, «Seams» (1993).

RA'ANAN ALEXANDROWICZ
LE VOYAGE DE JAMES À JÉRUSALEM
Né le 29 août 1969 à Jérusalem. Après avoir suivi un cursus universitaire scientifique, il intègre l'École de Cinéma Sam Spiegel où il signe son premier court métrage, «Self Confidence LTD», en 1996. De 1997 à 2001, il réalise différents clips vidéo et documentaires dont «Martin» et «The Inner Tour», sélectionnés dans de nombreux festivals.

SIEGRID ALNOY
ELLE EST DES NÔTRES
Française, elle est née à Rochefort, dans la ville des «Demoiselles…». Elle étudie la danse classique, les mathématiques, la littérature, puis le cinéma. Elle a réalisé quatre courts métrages avant de passer au long.

AMER ALWAN
ZAMAN, L'HOMME DES ROSEAUX
Né en 1957 à Babylone en Irak, il obtient un diplôme de l'École Nationale d'Art Dramatique avant de poursuivre ses études à l'École Audiovisuel de Bagdad. En 1980, il quitte son pays natal pour se rendre en France où il soutient quatre ans plus tard un DEA en philosophie de l'art. Il a réalisé plusieurs documentaires dont «Les Enfants de l'embargo», «Les Mandéens d'Irak», «Kirkuk, la citadelle oubliée», «Hatra, cité des dieux» ainsi que des courts métrages parmi lesquels «Vengeance» et «Rivages».

JUAN ANTIN
MERCANO LE MARTIEN
Argentin, né à Buenos Aires en 1969. Il étudie le cinéma d'animation à l'Institut des Arts Cinématographiques d'Avallaneda en Argentine puis au Canada. Depuis, il a fondé la société de production Malcriados, avec laquelle il a produit un grand nombre de courts métrages d'animation, dont les soixante épisodes de la série Mercano pour le petit écran.

LAURENT BAFFIE
LES CLÉS DE BAGNOLE
Il est né à Paris le 18 avril 1958. Animateur à l'humour pince sans rire, il participe à de nombreuses émissions de télévision aux côtés de Thierry Ardisson. Il réalise un court métrage, en 2000 : «Hot Dog».

SIDDIQ BARMAK
OSAMA
Il est né en Afghanistan le 7 septembre 1962. Diplômé en cinéma de l'Université de Moscou, en 1987, il a présidé, de 1992 à 1996, l'organisation gouvernementale «Afghan Film». Trois courts métrages – «Billiard», 1980 ; «Wall», 1983 ; «Circle», 1984 – et deux documentaires – «The Disaster of Withering», 1988 ; «The Hadith of Conquer», 1991.

CHRISTOPHE BARRATIER
LES CHORISTES
Français. Neveu de Jacques Perrin, il travaille depuis 1991 au sein de la société de production de ce dernier, «Galatée Films». Producteur délégué sur «Les Enfants de Lumière», «Microcosmos», «Himalaya» et «Le Peuple migrateur», il a signé en 2001 le court métrage «Les Tombales». Guitariste de formation classique il a obtenu une licence de concert à l'École Normale de Musique de Paris et est lauréat de plusieurs concours internationaux.

Janis et John de Samuel Benchetrit

MAURICE BARTHÉLÉMY
CASABLANCA DRIVER
Français, il est un des membres du groupe comique «Les Robins des bois». Co-auteur avec ses camarades de leurs sketches (pour la scène et Canal +) et du scénario de «RRRrrrr !!!», réalisé par Alain Chabat, il écrit et réalise en solo son premier film, «Casablanca Driver», dont il est également l'interprète principal.

LAURENT BÉCUE-RENARD
DE GUERRE LASSES
Né en 1966 à Paris. Son parcours universitaire le mène de l'Essec à Sciences politiques. Durant la dernière année du conflit bosniaque, il prend en charge le magazine internet Sarajevo on line, conçu depuis la capitale. À l'issue de cette expérience, il «publie» sur internet «Les Chroniques de Sarajevo», un recueil de nouvelles.

SAMUEL BENCHETRIT
JANIS ET JOHN
Français. Il écrit et réalise deux courts métrages : «Saint Valentin» (1995) et «Nouvelle de la tour L» (2000). En 1999, il met en scène au théâtre «Poèmes à Lou» avec Marie et Jean-Louis Trintignant et, deux ans plus tard, récidive avec sa propre pièce, «Comédie sur un quai de gare». En 2000, il a publié un premier roman : *Récit d'un branleur.*

FAOUZI BENSAIDI
MILLE MOIS
Il est né le 14 mars 1967 à Meknes, au Maroc. De 1998 à 2000, il réalise trois courts métrages : «La Falaise», «Trajets» et «Le Mur».

JULIE BERTUCCELLI
DEPUIS QU'OTAR EST PARTI…
Née en 1968, fille du réalisateur Jean-Louis Bertuccelli, Julie a fait des études de philosophie et travaillé comme assistante à la réalisation notamment avec Otar Iosseliani, Krzysztof Kieslowski, Bertrand Tavernier, Emmanuel Finkiel, Rithy Pann. Elle a signé plusieurs documentaires pour la télévision, notamment «Un métier comme les autres» en 1993, «Fabrique des juges» en 1998 et «Un monde en fusion» en 2001.

WANG BING
À L'OUEST DES RAILS
Né en 1967, il étudie à l'Académie des Arts de Pékin. Diplômé en photographie puis en cinéma, il commence à travailler en tant que réalisateur indépendant à

partir de 1998, avant d'entamer la production de son premier long métrage documentaire en trois parties, «À l'ouest des rails», dont le tournage durera près de trois ans.

N. T. BINH
CLAUDE SAUTET OU LA MAGIE INVISIBLE
Né à Paris en 1958. Journaliste, parfois sous le nom de Yann Tobin, il collabore depuis 1979 à la revue *Positif* et est l'auteur de plusieurs livres de cinéma de référence, notamment sur Ernst Lubitsch ou Joseph L. Mankiewicz. Comme scénariste, il a co-écrit «Printemps perdu» d'Alain Mazars et «Cyclo» de Tran An Hung. Également professeur de cinéma en Université, producteur de films d'entreprise et de courts métrages, il est récemment devenu distributeur.

THIERRY BINISTI
L'OUTREMANGEUR
Français. Au début des années 1990, il est assistant à la réalisation sur «Indochine» de Régis Wargnier, «Après l'amour» de Diane Kurys et «Tout le monde n'a pas eu la chance d'avoir des parents communistes» de Jean-Jacques Zilbermann. Ensuite, il travaille surtout comme réalisateur pour la télévision – on lui doit l'adaptation de «La Bicyclette bleue» avec Laetitia Casta. Un court métrage en 1996, «Le Livre de minuit», où il dirige Dominique Blanc.

AARON BLAISE ET BOB WALKER
FRÈRE DES OURS
Tous deux Américains. Le premier a animé certains personnages ou supervisé l'animation sur plusieurs productions Disney : «La Belle et la Bête» (1991), «Aladdin» (1992), «Le Roi Lion» (1994), «Pocahontas» (1995), «Mulan» (1998). Le second a dessiné ou supervisé les dessins de deux courts métrages des aventures de Roger Rabbit (dont «Panique au Pique-nique») et travaillé sur le long métrage, «Mulan».

CHRISTOFFER BOE
RECONSTRUCTION
Danois, il étudie à l'École nationale du Cinéma et réalise, durant cette période, trois courts métrages : «Obsession», «Virginity» et «Anxiety». Puis, il fonde sa société de production Hr. Boe & Co, avec ses amis, la productrice Tine Grew Pfeiffer, le directeur photo Manuel Alberto Claro et l'ingénieur du son Morten Green, que l'on retrouve tous trois au générique du premier film de la société... et de Christoffer. Lauréat de la Caméra d'or (meilleur film) à Cannes 2003.

Frère des ours d'Aaron Blaise et Bob Walker

WINFRIED BONENGEL
LES ENFANTS DE LA COLÈRE
Né en 1960 en Allemagne. Il étudie tout d'abord à l'ESRA de Paris avant de réaliser divers documentaires dont «Beruf Neonazi» (1993), sélectionné dans plus de quarante festivals dans le monde entier. Il a également travaillé en tant que scénariste pour la télévision allemande.

MICHEL BOUJENAH
PÈRE ET FILS
Il est né le 2 Novembre 1952 à Tunis. Comédien, il écrit et joue avec succès de nombreux spectacles de one man show. Au cinéma, il fut en 1985 l'un des (heureux) pères improvisés de «Trois hommes et un couffin» de Coline Serreau et a repris ce même rôle en 2003 dans la suite intitulée «18 ans après». Autres principaux films : «Tranches de vie» de François Leterrier (1985), «La Dernière Image» de Mohammed Lakhdar-Hamina (1986), «Levy et Goliath» de Gérard Oury (1987), «La Totale !» de Claude Zidi (1991).

PASCALE BRETON
ILLUMINATION
Française. Co-scénariste de Catherine Corsini, pour «Les Amoureux» et «La Répétition». Elle a réalisé de nombreux téléfilms et quatre courts métrages : «La Huitième Nuit » (1995), «La Réserve» (1998), «Les Filles du douze» (2000) et «La Chambre des parents» (2001).

JOEL BRISSE
LA FIN DU RÈGNE ANIMAL
Français, il est le co-scénariste des films de Marie Vermillard, dont «Eau douce» et «Imago». Il a signé plusieurs courts métrages très remarqués parmi lesquels «Les Pinces à linge» en 1998 et «La Pomme, la figue et l'amande» en 2000.

ANDY BYATT, ALASTAIR FOTHERGILL
LA PLANÈTE BLEUE
Leur parcours les a conduit à travailler régulièrement pour la télévision anglo-saxonne sur divers documentaires animaliers.

PATRICIA CARDOSO
ANA. REAL WOMEN HAVE CURVES
Née en Colombie dans une famille d'architectes, elle suit des études d'archéologie et d'anthropologie, puis part étudier le cinéma aux États-Unis, à l'UCLA. Elle en sort diplômée en 1994, après avoir multiplié les petits boulots pour subsister – elle a travaillé cinq années durant pour le Festival de Sundance, se spécialisant dans la sélection des films d'Amérique latine.

EMMANUEL CARRÈRE
RETOUR À KOTELNITCH
Né en France en 1957. Études à Janson-de-Sailly, puis à Sciences Po. Journaliste à *Positif* et à *Télérama*, il devient ensuite écrivain et publie, entre autres : «La Petite amie du jaguar», «La Moustache», «La Classe de neige», «L'Adversaire», ainsi qu'une biographie de Philip K. Dick : «Je suis vivant et vous êtes morts». Il a écrit plusieurs scénarios pour la télévision dont «Léon Morin, prêtre», «Monsieur Ripois» et «Pêcheur d'Islande». Nicole Garcia a adapté avec Jacques Fieschi et Frédéric Bélier-Garcia son «Adversaire» pour le grand écran, et Carrère a lui-même co-signé avec Claude Miller l'adaptation de «La Classe de neige» mis en scène par ce dernier.

ALEXANDRE CASTAGNETTI ET CORENTIN JULIUS
L'INCRUSTE
Français, ils se rencontrent dans une école d'ingénieurs. À leur sortie, ils créent une société de production et écrivent et réalisent leur premier court métrage, «Arrêts de jeu», suivi de «Alloween».

XAVIER DE CHOUDENS
FRÈRES
Français, il est né le 29 juin 1973. En 1998, il emprunte une caméra sur le tournage d'un documentaire pour réaliser son premier court, «Générique» (1998). Suivront «C'est pas si compliqué» (2000) et «HK» (2001).

JACQUES CORTAL
QUAND JE VOIS LE SOLEIL
Français. Il réalise des films industriels et des téléfilms et documentaires pour le petit écran. Également scénariste, il a co-signé l'adaptation de «La Femme fardée» de Françoise Sagan, mise en scène par José Pinheiro.

MARIE-ANNE CHAZEL
AU SECOURS J'AI TRENTE ANS !
Comédienne française née en 1952. Elle fait partie de la joyeuse troupe du Splendid et restera pour toujours l'inoubliable Zézette, enceinte jusqu'aux dents – qu'elle a très en avant – dans «Le Père-Noël est une ordure» au théâtre, puis au cinéma. Elle a fait partie de tous les succès de la troupe sur les

planches comme sur grand écran, des «Bronzés» (1978) aux «Visiteurs II : les couloirs du temps». Scénariste, notamment de «La Vengeance d'une blonde» et «Les Sœurs Soleil», tous deux réalisés par Jeannot Szwarc et dans lesquels elle joue, elle a aussi réalisé un court métrage, en 2001 : «Le Cœur sur la main».

JUAN CARLOS CREMATA MALBERTI
NADA +
Cubain, il est né en 1961. De 1981 à 1987, il est auteur et acteur de programmes pour enfants réalisés pour l'Institut Cubain de Radio et Télévision. Licencié d'art dramatique en 1986, il devient assistant réalisateur et enseigne le montage et la réalisation à Buenos-Aires. Deux courts métrages : «Oscuros rince-doigts enjaulados» (1990) et «La epoca, el encanto y fin de siglo» (1999).

RICHARD CURTIS
LOVE ACTUALLY
Né en Nouvelle Zélande en 1956, il a beaucoup voyagé dans sa jeunesse avant de s'installer à Londres, au cours des années 1980. Il commence à écrire en 1978, juste après ses études à l'Université d'Oxford. Il est scénariste du comédien Rowan Atkinson pour les programmes humoristiques de la BBC, «Not the nine O'Clock News», puis «La Vipère noire/Blackadder» et il co-écrit, avec Atkinson et Ben Elton, deux spectacles comiques avant de lancer la célébrissime série «Mr Bean». Pour le cinéma, il a connu quelques très gros succès dans la comédie romantique, avec les scénarios de «Quatre mariages et un enterrement», «Coup de foudre à Notting Hill» et «Le Journal de Bridget Jones».

BRUNO DELAHAYE
LIVRAISON À DOMICILE
Français. Il apprend le théâtre au cours Simon avant de devenir, durant trois ans, assistant de la directrice de casting, Marie-Christine Lafosse. C'est ensuite ce métier qu'il exerce, pendant dix-sept ans, pour les films d'André Téchiné, Coline Serreau ou Thomas Gilou. Il a réalisé un court métrage et est apparu fugitivement comme acteur dans «Killer Kid» et «Salut cousin !»

CLAIRE DOYON
LES LIONCEAUX
Française, née en 1971. Elle suit des études littéraires en France avant de partir étudier le théâtre à New York. En 1996, elle entre à la Femis en classe réalisation. Plusieurs courts métrages, dont «Le vent souffle où il veut» et «Le Baiser», en 2000. Deux documentaires : «Babacar» et «La Leçon de cinéma avec Théo Angelopoulos».

Le Rôle de sa vie de François Favrat

NADIA EL FANI
BEDWIN HACKER
Née à Paris d'une mère française et d'un père tunisien, Nadia El Fani est actuellement secrétaire générale de la Guilde Africaine des Réalisateurs. D'abord assistante réalisatrice pour Jerry Schatzberg, Roman Polanski, Nouri Bouzid, Romain Goupil, elle crée, en 1990, sa société de productions, Z'Yeux Noirs Movies. Elle réalise ainsi plusieurs courts métrages et films industriels dont «Pour le plaisir» (1990), «Fifty fifty mon amour» (1992) et «Tant qu'il y aura de la pelloche» (1998).

FRANÇOIS FAVRAT
LE RÔLE DE SA VIE
Français, il est assistant réalisateur de Romain Goupil («À mort la mort»), de Olivier Assayas («Fin août, début septembre») et de Christophe Blanc («Une femme d'extérieur»). Scénariste, il coécrit «Bord de mer» de Julie Lopes Curval et «Elle est des nôtres» de Siegrid Alnoy. En 2000, il signe un court métrage, «Mon meilleur amour», primé au Festival de Clermont-Ferrand.

LÉA FAZER
BIENVENUE EN SUISSE
Elle est née le 20 avril 1965 à Genève et possède donc parfaitement bien le sujet de son premier long, qu'elle a écrit en solo sur une idée de son producteur, Bruno Pésery.

RAPHAËL FEJTÖ
OSMOSE
Français, né en 1975. À 12 ans, il est choisi lors d'un casting «sauvage» pour interpréter Bonnet, le jeune garçon juif inscrit sous une fausse identité dans le collège religieux d'«Au revoir les enfants» de Louis Malle (1987). Mais, de son propre aveu, il ne se sent pas acteur. En revanche, lorsqu'il fait l'acquisition, à dix-huit ans, d'une caméra vidéo, il se sent parti pour être réalisateur. En 1996, il réalise à l'arraché un moyen métrage, «56 fois par semaine», dans lequel il joue lui-même aux côtés de Romain Duris et qui est comme le brouillon, – la matrice – de son premier long, «Osmose».

IGOR FIORAVANTI
RÊVE D'IBIZA
Né à Ibiza. Ayant toujours souhaité faire des films, il quitte sa ville natale pour suivre des études cinématographiques. Après avoir réalisé plus de cinquante spots publicitaires et divers documentaires, courts métrages, magazines et même dessins animés, il retourne sur les traces de son enfance pour tourner son premier long métrage, «Rêve d'Ibiza». En 2000, lors du festival de Cannes, l'agence Saatchi & Saatchi l'a désigné parmi les vingt meilleurs jeunes réalisateurs de publicité du monde.

JEAN-CHARLES FITOUSSI
LES JOURS OU JE N'EXISTE PAS
Français, il a réalisé un court métrage, «Aura été» (1994), et un documentaire, «Sicilia ! Si gira» (2001), ainsi que deux moyens métrages, «D'ici là» (1997) et la première version (de 59 minutes) de «Les jours où je n'existe pas» (2000).

JEAN-LUC FRANÇOIS
T'CHOUPI
Français, il est né en 1964. Diplômé de l'École des Beaux-arts de Troyes et de Reims, il achève sa formation dans le domaine du dessin animé au CFT Gobelins au début des années 90. Il débute en tant qu'assistant réalisateur sur diverses séries télévisées parmi lesquelles «Bravo la famille», «En attendant Noël», «Flash Gordon», «Papyrus» et «Paddington». En 1999, il devient metteur en scène à part entière et se voir confier la réalisation du feuilleton «T'Choupi» (65 épisodes de 5 minutes), puis du long métrage qui en est tiré. On lui doit également la série en 3D «Bob et Scott», diffusée en 2001.

KEITH FULTON ET LUIS PEPE
LOST IN LA MANCHA
Bien que leur nom soit déjà attaché à plusieurs documentaires, dont le making of de «L'Armée des 12 singes» de Terry Gilliam («The Hamster Factor and other Tales of 12 Monkeys»), «Lost in La Mancha» est leur premier long métrage sorti comme tel au cinéma. Américains, ils se sont rencontrés durant leurs études à l'université Temple de Philadelphie. Ils ont fondé leur propre société de production, Low Key Pictures, et ainsi produit et réalisé de nombreux documentaires sur les tournages des «Rois du désert», de «Ghost World» ou d'«Insomnia».

SAM GARBARSKI
LE TANGO DES RASHEVSKI
Né en 1948 à Planegg, en Allemagne. Il débute par la publicité, fondant l'agence Garbarski Euro RSCG et réalisant plus de cinquante spots publicitaires. À partir de 1997, il s'intéresse à la fiction et signe trois courts métrages avec son complice Philippe Blasband, également co-scénariste de son premier long : «La Dinde» (1999), «La Vie, la mort & le foot» (2000), «Joyeux Noël, Rachid» (2000).

JACQUES-RÉMY GIRERD
LA PROPHÉTIE DES GRENOUILLES
Il est né en 1952 à Mars, dans la Loire, et a abandonné ses études de médecine, en 1974, pour sortir, deux ans plus tard, major de sa promotion à l'École des Beaux Arts de Lyon. Il est producteur et réalisateur d'un nombre important de courts métrages d'animation («4000 images fœtales», «Le Petit cirque de toutes les couleurs», «Le Bonheur de la vie»), et de séries pour la télévision («Ma petite planète chérie» de 1994 à 1996). En 1998, «L'Enfant au grelot», magnifique court métrage de vingt-huit minutes, reçoit le Cartoon d'Or – il en fera un livre en 1999. L'année suivante, Jacques-Rémy Girerd crée l'École Européenne de la Poudrière, spécialisée dans la réalisation de films d'animation.

Le Tango des Rashevski de Sam Garbarski

FRANCIS GLEBAS
LES AVENTURES DE PORCINET
Il débute le dessin à l'âge de cinq ans, puis réalise, huit ans plus tard, ses premiers films avec ses copains. Diplômé du Pratt Institute de New York – licence de réalisation et spécialisation en architecture –, il travaille au Computer Graphics Lab de New York avant d'entrer chez Disney. Il a collaboré entre autres à «Aladdin» (pour le storyboard), «Le Roi Lion», «Le Bossu de Notre-Dame», «Dinosaure» et «La Planète au trésor» avant de signer «Pomp and Circumstance», un des épisodes de «Fantasia 2000».

MAMAD HAGHIGHAT
DEUX ANGES
Né à Isfahan, en Iran, il réalise, entre 1969 et 1975, plusieurs courts métrages en super 8. En 1971, il fonde dans sa ville natale un festival national de films amateurs, puis organise à Paris un festival de films iraniens. Auteur d'un livre, «Histoire du cinéma iranien», il est critique de cinéma pour la revue iranienne *Film*. Il a réalisé, en 1984, un court métrage qui est aussi son film de fin d'études, «État de crise».

MAHAMAT-SALEH HAROUN
BYE BYE AFRICA
Né en 1961 au Tchad, à Abéché. Il étudie le cinéma au Conservatoire Libre de Paris avant d'entreprendre des études de journalisme à l'IUT de Bordeaux. Il travaille pour la presse écrite et la radio pendant plusieurs années, tout en réalisant divers films courts dont «Maral Tanie» (1994), «Goï-Goï» et «Bord Africa» (1995), «Sotigui Kouyaté» (1996) et «B 400» (1997). Après «Bye bye Africa», il a réalise son deuxième long, «Abouna», sorti chez nous en mars 2003.

CATHERINE HARDWICKE
THIRTEEN
Elle est née dans la vallée du Rio Grande et a suivi des études d'art au Mexique, puis elle a passé une licence d'architecture à l'Université du Texas. Ce diplôme en poche, elle construit un complexe de maisons solaires entourant un lac artificiel. Ensuite, elle entre à l'UCLA où elle réalise plusieurs courts métrages. On lui doit les décors d'une vingtaine de longs métrages, dont «Les Rois du désert» de David O. Russell, «Vanilla Sky» de Cameron Crowe, «Tombstone» de George Pan Cosmatos, «Tank Girl» de Rachel Talalay.

ED HARRIS
POLLOCK
De son vrai nom Edward Allen Harris, cet acteur américain est né en 1950 à Tenafly, dans le New Jersey. Il fait ses débuts au cinéma en 1978, dans «Morts suspectes» de Michael Crichton. Suivront des rôles, petits ou grands, mais jamais anodins, dans «L'Étoffe des héros» de Philip Kaufman, «Under Fire» de Roger Spottiswoode», «Alamo Bay» de Louis Malle, «Abyss» de James Cameron, «Les Anges de la nuit» de Phil Joannou, «La Firme» de Sydney Pollack, «Les Pleins Pouvoirs» de Clint Eastwood, «The Truman Show» de Peter Weir, «The Hours» de Stephen Daldry. Au théâtre, il a débuté à New York dans «Fool for Love» de Sam Shepard, en 1983. Marié à l'actrice Amy Madigan, il a produit et interprété avec elle le téléfilm «Riders of the Purple Sage». Pour son premier film en tant que réalisateur, il dirige son épouse dans le rôle de Peggy Guggenheim, mécène de Jackson Pollock dont il endosse l'écrasant personnage.

JESSICA HAUSNER
LOVELY RITA
Elle est née en 1972 à Vienne, en Autriche. Elle suit des études de cinéma dans sa ville natale, à la FilmAkademie et y réalise, en 1997, le court métrage, «Flora». Élève de Michael Haneke, elle est son assistante sur «Funny Games». En 1999, son film de fin d'études, «Inter-View» est primé à Cannes par la Cinéfondation. Ces deux courts métrages sont sortis ensemble dans les salles françaises le 20 juin 2001.

ÈVE HEINRICH
MARIE ET LE LOUP
Française. Elle réalise un court métrage, «Terre rouge» et deux documentaires, «À fleur de peau» et «Le Bonheur».

JONATHAN HENSLEIGH
THE PUNISHER
Américain, ancien avocat d'affaires et investisseur de Manhattan, il est scénariste depuis 1990 – il a fait ses débuts sur plusieurs épisodes de la série télévisée de George Lucas, «Les Aventures du jeune Indiana Jones». Il a écrit ou coécrit les scénarios de «Une journée en enfer» de John McTiernan, «Jumanji» de Joe Johnston, «Rock» de Michael Bay, «Le Saint» de Phillip Noyce, «Les Ailes de l'enfer» de Simon West, «Armageddon» de Michael Bay, «60 secondes chrono» de Dominic Sena.

JOHN HOFFMAN
MON CHIEN, CE HÉROS
C'est d'abord en tant que comédien qu'il débute sa carrière, se produisant dans diverses séries télévisées parmi lesquelles «Sydney Fox, l'aventurière» et «Adventures in Wonderland» pour Disney Channel – où il tient pendant plus d'une centaine d'épisodes le rôle du Chapelier Fou. Il s'impose peu à peu comme scénariste à part entière, travaillant tout d'abord pour le câble puis pour des majors telles que Disney.

BRUNO-RENÉ ET ALEXANDRE HUCHEZ
LES AVENTURES EXTRAORDINAIRES DE MICHEL STROGOFF
Bruno-René Huchez est le fondateur de la société IDDH, avec laquelle il importe en France, au début des années 80, les premiers dessins animés japonais parmi lesquels «Goldorak», «Candy» ou «Albator». Il est aussi l'auteur de séries telles que «Clémentine», «Moi Renart» ou «Les Tortues Ninja». Avec son fils Alexandre, il a réalisé les 26 épisodes de la série animée «Michel Strogoff» coproduite par France 3 et ayant servi de base pour ce premier long métrage.

PAUL HUNTER
LE GARDIEN DU MANUSCRIT SACRÉ
Il est né en Californie et a étudié la radio, le cinéma et la télévision à l'université d'état de Northridge. D'abord décorateur, il réalise ensuite quelques publicités, puis passe aux clips vidéo (pour Jennifer Lopez, Eminem, Courtney Love, Mariah Carey, Lenny Kravitz...). Il a réalisé la vidéo musicale de «You rock my World» de Michael Jackson et celle de la B.O. de «Moulin Rouge».

ANDREW JARECKI
CAPTURING THE FRIEDMANS
Américain, il est diplômé de Princeton et vit à New York. Il a produit le court métrage «Swimming», primé à Sundance. Également musicien, il a co-écrit et interprété le thème principal du téléfilm «Felicity».

PATTY JENKINS
MONSTER
Américaine, elle a étudié le cinéma au sein du Directors Program de l'American Film Institute et a réalisé trois courts métrages durant cette période, parmi lesquels «Velocity Rules». Dès l'âge de 14 ans, elle avait trouvé son premier job dans l'industrie du cinéma en devenant assistante stagiaire auprès d'Allen Ginsberg et William Burroughs sur le documentaire «The River City Reunion». Assistante caméra, elle a travaillé sur de nombreuses publicités ainsi que sur des bandes annonces et des clips vidéo. Elle a, par ailleurs, suivi une formation de peintre à la Cooper Union de New York.

JOSEPH KAHN
TORQUE, LA ROUTE S'ENFLAMME
Né à Houston. Il débute en filmant des chanteurs de hip hop dans les rues de sa ville natale. En quelques années, il réalise plus de 200 clips vidéo, devenant rapidement une référence dans ce domaine. Il a travaillé avec les plus grands noms de la scène musicale internationale et a remporté de nombreux MTV Music Awards ainsi qu'un Grammy. En 1999, il fonde sa propre maison de production.

DAGUR KARI
NOI ALBINOI
Né en Islande en 1973, il sort diplômé de la National Film School du Danemark en 1999. Son film de fins d'études, «Lost Week-End», a été primé dans

compagnie «The Con», avec laquelle il lance «I bet you will», un programme internet qui deviendra par la suite l'un des programmes phares de la chaîne MTV. C'est grâce aux bénéfices des 53 épisodes diffusés qu'il a pu monter le projet (gonflé) de «Super Size me».

DOMINIQUE STANDAERT
HOP
Belge, il est né à Bombay en 1957. En 1980, il obtient sa licence en psychologie clinique, puis, en 1984, son diplôme de réalisation à l'INSAS. Assistant réalisateur, il travaille notamment avec Jaco Van Dormael et André Delvaux. Il est ensuite producteur exécutif chez PDG & Partners et Iblis Films, avant de fonder, en 1995, Executive Productions. En 1997, il réalise un court métrage : «Eau».

SABIHA SUMAR
KHAMOSH PANI
Elle est née le 29 septembre 1961 à Karachi (Pakistan). Elle a étudié le cinéma et les sciences politiques à l'université Sarah Lawrence de New York entre 1980 et 1983, puis les relations internationales à l'Université de Cambridge de 1984 à 1985. Elle a réalisé plusieurs documentaires sur les femmes de son pays d'origine, de «Qui jettera la première pierre» (1988) à «Pour une place dans ce monde» (2003).

ISAO TAKAHATA
HORUS, PRINCE DU SOLEIL
Né en 1935 à Ise, au Japon. Il obtient un diplôme de littérature française à l'Université de Tokyo, avant d'intégrer le studio d'animation de la Tôei où il devient un des pionniers de cinéma animé japonais. Il travaille alors en tant qu'assistant réalisateur sur de nombreux courts et longs métrages. À partir de 1963, il collabore également à l'écriture de scénarios pour des séries télévisées. Il signe en tant que réalisateur son premier film «Horus, prince du soleil» en 1968.

ANNE THÉRON
CE QU'ILS IMAGINENT
Française. Auteur et metteur en scène de théâtre («La Religieuse», «Le Pilier», «Faire part»), elle a également publié plusieurs ouvrages et romans et réalisé trois courts métrages – «Visite du soir, espoir», «Qui t'es toi ?», «Elle grandit si vite».

THOMAS DE THIER
DES PLUMES DANS LA TÊTE
Belge. Il est renvoyé d'une école de cinéma et suit donc, pour contenter ses parents, des études d'économie. Selon son propre aveu : «Les choses ont commencé à s'améliorer quand j'ai fait mon premier film». À son actif, quatre documentaires – «Je suis votre voisin» (1990), «À la recherche de l'oiseau blanc» (1995), «Les gens pressés sont déjà morts» (1998), «Échographie» (2002) – et deux courts métrages – «Je t'aime comme un fou» (1991) et «Caisse express» (1994).

La Jeune Fille à la perle de Peter Webber

YONGYOOTH THONGKONTHUM
SATREELEX. THE IRON LADIES
Thaïlandais, il est né le 18 février 1967. Il étudie la médecine, puis la communication. Réalisateur publicitaire, il fonde, en 1991, à Bangkok, la maison de production Hub Ho Hin Film. Le succès de son premier long l'a mené à réaliser immédiatement la suite : «Satreelex 2». L'épisode 1 a été primé dans tous les festivals gays et lesbiens de la planète…

CHRISTIAN TRAN
L'ÉCOLE EN CAMPAGNE
Français, né en 1967, originaire de Largentière en Ardèche. Il débute en tant qu'assistant-réalisateur et ingénieur du son sur de nombreux films diffusés sur France 3 et Arte. Il signe, en 1994, un documentaire pour la télévision consacré à Paul Touvier et intitulé «Mr Zeizi» et fonde à la même époque avec des amis réalisateurs l'ARTIS (Atelier de recherche des techniques de l'image et du son). «L'École en campagne» est son premier long métrage documentaire pour le cinéma.

MARTIN VALENTE
LES AMATEURS
Français. Il réalise trois courts métrages : «Échecs et plonge» en 1998, «La Déclaration» en 2000 et «Ta sœur», la même année.

ARNAUD VIARD
CLARA ET MOI
Français. Il suit des études de gestion, puis se lance dans la publicité avant de s'orienter vers le métier d'acteur à 26 ans. En 1992, il suit les cours chez Florent et à l'école du Sapajou. Il travaille notamment avec Jean-Pierre Améris, Patrice Chéreau, Élie Chouraqui, Alain Corneau, Etienne Chatiliez… Professeur de cinéma au Cours Florent, il écrit et réalise trois courts métrages : «La Fleur à la bouche», «Haiku Rose Victoria» et «Oui».

ARUNA VILLIERS
À TON IMAGE
Française. En 1999, elle signe deux courts métrages «Noël en famille» et «Chair en vie» pour la collection Chambre 13, diffusée sur 13ème rue. L'année suivante, elle réalise «Piège en haute sphère», téléfilm de la série Vertiges M6, récompensé du Prix de la meilleure réalisation au Festival de Saint Tropez.

PIERRE VINOUR
SUPERNOVA [EXPÉRIENCE#1]
Français. Il réalise une trentaine de courts métrages, documentaires et films institutionnels en super 8, puis signe en 35 mm notamment «Paris-Marseille» (1990), «Les Scorpions» (1994), «Millevaches [Expérience]» (2000), et «Carte blanche à Clermont-Ferrand» pour Arte (2001).

KAZUSHI WATANABE
19
Japonais, il réalise à 19 ans son premier court métrage, intitulé «19». La reconnaissance qu'il en retire lui permet de travailler dans la réalisation de spots publicitaires et clips vidéos. Comme acteur, on le voit notamment dans «Visitor Q» de Takashi Miike, dont il réalise la bande annonce. Également scénariste de mangas, il a participé à l'adaptation animée de «19» avant d'en tirer son premier long métrage, dont il est également l'interprète principal.

SHINICHIRO WATANABE
COWBOY BEBOP
Il est né au Japon en 1965. Il travaille comme animateur à partir de 1988. Dix ans plus tard, il est réalisateur de la série télévisée «Cowboy Bebop» avant d'occuper ce poste sur le long métrage qui en est tiré. Depuis il a travaillé sur «A Detective Story» et «A Kid Story» chez Animatrix.

PETER WEBBER
LA JEUNE FILLE À LA PERLE
Britannique. Il travaille comme monteur puis réalise des documentaires et dramatiques pour la télévision, notamment la série «Men only» (2001), «The Streetfow Wives» (2002) et «Six Feet Under» (2004). Il a réalisé un court métrage : «The Zebra».

BO WELCH
LE CHAT CHAPEAUTÉ
Chef décorateur de renom, il a été cité trois fois à l'Oscar pour «Men in Black», «Bird-Cage» et «La Petite Princesse». Il est né à Yardley, en Pennsylvanie, et a étudié l'architecture en Arizona. Il a débuté comme assistant décorateur sur «Le Gang des frères James» de Walter Hill et «La Folle Histoire du monde» de Mel Brooks. Autres films : «Génération perdue» de Joel Schumacher, «Beetlejuice» de Tim Burton, «Voyageur malgré lui» et «Grand Canyon» de Lawrence Kasdan, «Wolf» et «Primary Colors» de Mike Nichols, «Wild Wild West» et «Men in Black II» de Barry Sonnenfeld.

KURT WIMMER
EQUILIBRIUM
Américain. Étudiant diplômé d'histoire de l'art à la South Florida University, il déménage ensuite en Californie et collabore à l'écriture de nombreux scénarios pour Hollywood, notamment «Thomas Crown» de John McTiernan, «Sphere» de Barry Levinson ou «La Recrue» de Roger Donaldson. Il est l'auteur du scénario d'«Equilibrium», son premier long métrage en tant que réalisateur. Il vient de terminer «Ultraviolet».

LEN WISEMAN
UNDERWORLD
Il débute sa carrière en travaillant au sein des départements artistiques de divers films parmi lesquels «Men in black» et «Godzilla». Il passe ensuite à la réalisation de spots publicitaires et de clips vidéo. Son travail pour le hit «Stick'em up» de Quarashi lui vaut d'être nommé à de nombreuses reprises pour les MTV Awards 2002. Il a également cosigné le scénario de son premier long métrage.

Cowboy Bebop de Shinichiro Watanabe

BILLE WOODRUFF
HONEY
Américain, il signe bon nombre de vidéos et clips musicaux, notamment pour Outkast, The Backstreet Boys, Britney Spears, Salt-N-Pepa, Gloria Estefan, Jody Warley et Céline Dion.

TAIJI YABUSHITA
LE SERPENT BLANC
Né en 1903, il est l'un des pionniers de l'animation japonaise. Après la seconde guerre mondiale, il passe du statut d'animateur à celui de producteur puis de superviseur général de l'animation. Il travaille alors sur divers projets, parmi lesquels «Le Mécanicien Nonki», avant d'intégrer la Nichido Eiga (Nouvelle compagnie japonaise des films d'animation) où il réalise ses premiers courts métrages : «Le Lapin contre la Tortue» et «Le Violon émoustillant». En 1958, le studio lui confie l'adaptation et la mise en scène d'un long d'après un conte traditionnel : «Le Serpent Blanc».

LI YANG
BLIND SHAFT
Il est né en 1959 à Xian, en Chine, dans une famille d'acteurs. Après le lycée, il est comédien au Théâtre des Arts de la Jeunesse de Chine, à Pékin, de 1978 à 1985. Il étudie ensuite la réalisation durant trois ans. Puis il voyage en Europe et étudie et travaille en Allemagne. À l'Académie des Arts de la Communication de Cologne, il écrit et réalise trois documentaires : «Women's Kingdom» (1991), «Happy Swan Song» (1994) et son film de fins d'études, «The Wake» (1996).

EMILY YOUNG
KISS OF LIFE
Née à Londres en 1970, elle étudie la littérature anglaise à l'Université d'Edimbourg et suit les cours de réalisation de l'école nationale polonaise du film de Lodz. Son second court métrage de fin d'études, «Second Hand» a reçu, en 1998, le prix de la Cinéfondation de Cannes et a été primé à Taipei et Buenos Aires. Elle a réalisé six courts métrages.

TOE YUEN
McDULL DANS LES NUAGES
Chinois. Spécialiste de l'animation, il signe plusieurs BD et deux courts métrages, «Explanations» et «Foulball». Après avoir animé la série TV ayant pour héros le petit McDull, c'est tout naturellement qu'il en réalise la version longue pour le cinéma.

ANDREI ZVIAGUINTSEV
LE RETOUR
Il est né en Sibérie, à Novossibirsk, et y a suivi ses études secondaires. En 1980, il quitte la classe de première et s'inscrit à l'école de théâtre pour satisfaire à sa vocation depuis l'enfance : devenir acteur. En 1983, il part au service militaire, mais a la chance après plusieurs semaines loin de chez lui, de réintégrer une caserne près de Novossibirsk, où il devient présentateur-animateur de l'ensemble musical de jazz. En 1986, il est reçu à l'institut moscovite de théâtre Gitis, dans la classe d'Evgueni Lazarev, et où il suit les cours de Levertov. Concierge pour subsister, il se lance dans le théâtre expérimental et passe son temps au VGIK de Moscou où il dévore les films classiques du cinéma international. En particulier ceux d'Antonioni, dont il est un fan absolu. Il réalise des pubs et trois épisodes d'une série télévisée russe, «La Chambre noire». «Le Retour» a remporté le Lion d'or de Venise 2003.

En mémoire

VIJAY ANAND
22 janvier 1934-23 février 2004
Frère cadet de Cheta Anand, réalisateur, et de Dev Anand, célèbre acteur dans son pays, il fut un des hommes à tout faire du cinéma Bollywood. Comédien, réalisateur, monteur et même scénariste. Peu de ses films ont été montrés hors d'Inde. Au hasard de festivals, on a pu découvrir quelques petits bijoux comme «Guide» (1965), «Teesri Manzil» (1966) ou encore «Bullet» (1976) et «Main tere Liye» (1988). Président de la commission de censure depuis plusieurs années il avait démissionné de son poste en 2003 pour des divergences d'opinion. Il est vrai qu'il avait toujours œuvré pour faire reconnaître le cinéma érotique.

HENRI ATTAL
Mai 1936-juillet 2003
Cet acteur français ne compte plus les «panouilles» (plus de cent trente) effectuées pour ses copains réalisateurs, Claude Chabrol qui lui mit le pied à l'étrier, Godard, Mocky qui lui fit tourner son dernier film («Le Furet», 2003). Ivrogne, policier, concierge, garde du corps, greffier, serveur, ouvrier, gangster, gardien, aumônier, contrôleur, détenu... Film après film, sa figure avait fini par devenir familière. Quelquefois, il avait droit à un rôle un peu plus épais, Luigi dans «Adieu Poulet» (P. Granier-Deferre, 1975), Mohammed dans «Les Sous-doués» (Zidi, 1980) ou Maître Hareng dans «Madame Bovary» (Chabrol, 1991).

CARL ANDERSON
27 février 1945-23 février 2004
Il avait fait partie de l'aventure de «Jésus Christ Superstar» d'abord sur la scène puis au cinéma sous la houlette de Norman Jewison en 1973. Il apparaîtra ensuite dans l'obscur «La Perla Negra» (Swimmer, 1978) et surtout dans «La Couleur pourpre» (Spielberg, 1985). Sa carrière, il la construira essentiellement à la télévision en jouant dans quelques séries cultes comme «Magnum», «The Incredible Hulk», «Starsky et Hutch» ou encore «Another World».

ROYCE D. APPELGATE
25 décembre 1939-1er janvier 2003
Mort accidentellement dans un incendie, il débuta sa carrière en 1972 auprès de Raquel Welsh, Yul Brynner et Burt Reynolds dans «Les Poulets» de Richard Colla. Toute sa vie, il fut un acteur de complément efficace et apprécié en particulier par Roger Donaldson et les frères Coen qui firent plusieurs fois appel à lui.
Principaux autres films : «La Folle Histoire du monde» (M. Brooks, 1981), «Un duo d'enfer» (Ritt, 1981), «Splash» (Howard, 1984), «Le Sang du châtiment» (Friedkin, 1988), «Sables mortels» (Donaldson, 1992), «Gettysburg» (Maxwell, 1993), «Guet-apens» (Donaldson, 1994), «Dr Dolittle» (Thomas, 1998), «O'Brother» (Coen, 2000), «Rêve de champion» (Hanckock, 2002), «Intolérable cruauté» (Coen, 2003), «Talking in your Sleep» (McKellar, 2004).

IMPERIO ARGENTINA
26 décembre 1910-22 août 2003
De son vrai nom Magdalena Nile del Rio, cette actrice et chanteuse née à Buenos Aires vécut entre son pays natal, l'Espagne, le Mexique et Cuba et se fit naturaliser espagnole en 1999. Elle connaît le succès très jeune et est déjà célèbre lorsqu'elle arrive en Espagne en 1927 pour y tourner son premier film muet («La Hermana San Sulpicio») sous la direction de Florian Rey, son futur mari. Elle tourne plusieurs films en France et connaît son premier triomphe cinématographique aux côtés de Carlos Gardel dans «Melodia de Arrabal» (Gasnier, 1932). Son élégance, sa voix mélodieuse, la joie de vivre qui irradie ses chansons en font une véritable star, très populaire. Pendant la guerre civile espagnole, elle adhère au parti franquiste et répond à une invitation d'Hitler mais elle quitte l'Allemagne après la Nuit de Cristal. Après la guerre, on la verra plus souvent sur la scène qu'à l'écran. On lui prêtera une liaison avec Hitler et Marlene Dietrich. Malgré ces rumeurs nauséeuses, le succès de ses derniers galas à la fin des années 90 démontrait qu'elle n'avait rien perdu de son aura dans le monde hispanophone.
Principaux autres films : «Los Clavelkes de la Virgen» (Rey, 1929), «El Amor solfeando» (Guerra, 1930), «Su Noche de Bodas» (Rey, 1931), «Elle veut faire du cinéma» (Castellvi et Elias, 1931), «La Casa es seria» (Le Pera, 1932), «Buenos Dias» (Rey, 1932), «La Hermana San Sulpicio» (version sonore, Rey, 1934), «El Novio de mama» (Rey, 1934), «Romanza rusa» (Rey, 1935), «Nobleza baturra» (Rey, 1935), «Morena Clara» (Rey, 1936), «Carmen» (Rey, 1938), «Andalusische Nächte» (Rey, 1938), «Cancion de Aixa» (Rey, 1939), «Tosca» (Koch et Renoir, 1941), «Goyescas» (Perojo, 1942), «Bambu» (Sàenz de Heredia, 1945), «Los Majos de Cadiz» (Perojo, 1946), «La Copla de la Dolores» (Perojo, 1947), «La Cigarra» (Perojo, 1948), «Cafe Cantante» (Momplet, 1951), «Ama Rosa» (Klimovsky, 1960), «Con el Viento solano» (M. Camus, 1966), «Canciones de nuestra vida» (Brochero, 1975), «Tata Mia» (Borau, 1986), «El Polizon del Ulises» (Aguirre, 1987).

Alan Bates

VICTOR ARGO
5 novembre 1934-7 avril 2004
Une éternelle cigarette fichée au coin des lèvres, le teint mat, le visage marqué par la vie, il se coulait avec un plaisir évident dans l'univers glauque et mafieux d'un Scorsese ou d'un Ferrara qui, l'un comme l'autre, avaient tout de suite repéré son énorme potentiel de violence et de perversion. Gangster brutal ou petite frappe sans envergure, Victor Argo, né Victor Jimenez, dans le Bronx, de parents portoricains, laisse toujours une forte impression. Tony Scott, Jim Jarmush ou James Gray ne s'y sont pas trompé. Avec Amos Kollek, il s'engage tardivement dans une voie plus intimiste mais est toujours aussi convaincant.
Principaux films : «Boxcar Bertha» (Scorsese, 1972), «Mean Streets» (Scorsese, 1973), «Taxi Driver» (Scorsese, 1976), «The Rose» (Rydell, 1979), «Falling in Love» (Grosbard, 1984), «Recherche Susan désespérément» (Seidelman, 1985), «After Hours» (Scorsese, 1985), «La Dernière Tentation du Christ» (Scorsese, 1988), «New York Stories» (Sketch Scorsese «Apprentissages / Life Lessons», 1989), «Crimes et Délits» (Allen, 1990), «King of New York» (Ferrara, 1990), «Bad Lieutenant» (Ferrara, 1992), «True Romance» (T. Scott, 1993), «Smoke» (Wang et Auster, 1995), «Brooklyn Boogie» (Wang et Auster, 1995), «Nos funérailles» (Ferrara, 1996), «New Rose Hotel» (Ferrara, 1998), «Ghost Dog La Voie du Samouraï» (Jarmusch, 1999), «The Yards» (Gray, 2000), «Fast Food Fast Women» (Kollek, 2000), «Angel Eyes» (Mandoki, 2000), «Xmas» (Ferrara, 2001), «Bad Luck» (Dicillo, 2001), «Queenie in Love» (Kollek, 2001).

YVAN AUDOUARD
27 février 1914-21 mars 2004
Copain de Francis Blanche et Louis de Funès, il était un amoureux de la vie et du verbe et semblait ne jamais se prendre au sérieux. «Il est plus agréable de dilapider son talent que de ne pas en avoir», aimait-il à répéter. Accent rocailleux du Sud, visage souriant, yeux pétillants, Yvan Audouard, volubile et convivial, n'en manquait certes pas. Écrivain, homme de radio, pamphlétaire à ses heures, Il sait tout faire. Entre farce et humour, ses romans ensoleillés distillent l'émotion et la bonne humeur. Pour le cinéma, il écrit des scénarios, des dialogues et adapte même quelques-uns de ses romans. Mais de «Fernand cowboy» (Lefranc, 1956) à «D'où viens-tu, Johnny ?» (Howard, 1964), aucun de ses films ne laissera un souvenir impérissable.
Autres films : «Action immédiate» (dialogue, M. Labro, 1957), «Le Grand Bluff» (Dally, 1957), «Comme un cheveu sur la soupe» (Regamey, 1957), «Le saint mène la danse» (Nahum, 1960), «Cocagne» (Cloche, 1960), «Tartarin de Tarascon» (Blanche, 1962), «Pas de panique» (Gobbi, 1966) «Le Temps des doryphores» (documentaire, De Launay et Rémy, 1967), «Le Dernier des Camarguais» (TV, Kerchbron, 1977).

ALAN BATES
17 février 1934-27 décembre 2003
«Zorba le Grec» de Michael Cacoyannis en 1964 et «Love» de Ken Russell en 1969 font d'Alan Bates une grande vedette internationale. Dans le premier il est Basil, un Anglais échoué sur une île qui découvre les plaisirs de la vie et du sirtaki aux côtés de Zorba (Anthony Quinn). Dans le second, il lutte nu contre le massif Oliver Reed devant un feu de cheminée dans une scène d'anthologie où les deux corps enlacés dégagent une lourde sensualité homosexuelle. Alan Bates avait débuté dans les années 50, jeune premier du théâtre de John Osborne («Look Back in Anger»), le chef de file des Young Angry Men qui avaient décidé de prendre en main la culture britannique. Tout naturellement, il tourne un premier film en 1961, sous la houlette de Tony Richardson, un des fondateurs du Free Cinema («Le Cabotin»). D'emblée, il impose sa silhouette athlétique, ses cheveux bruns mal peignés encadrant son visage anguleux, un sourire ravageur, une diction particulière. La même année, il obtient un prix d'interprétation au festival de Berlin pour «Un amour pas comme les autres» de John Schlesinger. Sa carrière est lancée.

Exemplaire, elle se partage entre théâtre et cinéma. Il se taille d'ailleurs de beaux succès tant sur la scène qu'à l'écran. Il reçoit même une récompense pour son interprétation de «L'Homme de Kiev» de Joseph Frankenheimer (1968). Très éclectique, il séduit aussi bien Joseph Losey («Le Messager», 1970), James Ivory («Quartet», 1981) et Robert Altman («Gosford Park», 2002) que Pierre Jolivet («Force majeure», 1989) ou Sam Shepard («Le Gardien des esprits», 1994). En 2003, il est anobli par la Reine.
Principaux autres films : «Le vent garde son secret» (Forbes, 1961), «Tout ou rien» (Donner, 1962), «Le Deuxième homme» (Reed, 1963), «Même si cela mène au crime» (Donner, 1963), «Le Roi de cœur» (De Broca, 1966), «Loin de la foule déchaînée» (Schlesinger, 1967), «Les Trois Sœurs» (1970, Olivier), «Un jour dans la mort de Joe Egg» (Medak, 1971), «L'Impossible Objet» (Frankenheimer, 1972), «Butley» (Pinter, 1973), «Royal Flash» (Lester, 1975), «La Femme libre» (Mazursky, 1977), «Le Cri du sorcier» (Skolimowski, 1978), «The Rose» (Rydell, 1979), «Nijinsky» (Ross, 1979), «Britannia Hospital» (Anderson, 1982), «Le Retour du soldat» (Bridges, 1982), «L'Irlandais» (Hodges, 1986), «Duo pour une soliste» (Konchalovsky, 1986), «Mister Frost» (Setbon, 1990), «Docteur M» (Chabrol, 1990), «Hamlet» (Zeffirelli, 1990), «Entre chien et loup» (Piddington, 1991), «Secret Friends» (Potter, 1991), «The Grotesque» (Davidson, 1995), «La Cerisaie» (Cacoyannis, 1999), «La Somme de toutes les peurs» (Robinson, 2002), «La Prophétie des ombres» (Pellington, 2002), «Evelyn» (Beresford, 2002), «The Statement» (Jewison, 2003).

FRANÇOIS BÉRANGER
28 août 1937-14 octobre 2003
Chanteur libertaire dans les années 60, il fut rapidement écarté des ondes. Sans jamais se résigner, il fut obligé de faire de nombreux petits boulots dans le cinéma pour continuer à chanter devant un public restreint, certes, mais fidèle. Il apparaît dans «L'An 01» de Jacques Doillon.

JEAN-PIERRE BLANC
1942-21 mai 2004
Ce réalisateur français s'était fait connaître en constituant un duo attachant (Annie Girardot et Philippe Noiret) dans «La Vieille Fille» (1972), un film à la fois tendre et cynique, Ours d'argent à Berlin. Première œuvre restée presque sans lendemain. Il réalisera encore «Un ange au paradis» (1973), «D'amour et d'eau fraîche» (1976) et «L'Esprit de famille» (1979), avant de se tourner vers la télévision.

Marlon Brando

FRANÇOIS BOYER
1920-24 mai 2004
Il débuta auprès de Pierre Bost et Jean Aurenche sur le scénario de «Jeux interdits» (Clément, 1952). Sa carrière était bien lancée. Dans les années 50 et 60, ce scénariste dialoguiste se tailla quelques beaux succès comme «Chiens perdus sans collier» (Delannoy, 1955) ou «La Guerre des boutons» (Robert, 1962) et travailla à plusieurs reprises avec Henri Verneuil et Yves Robert. Il devait ensuite se consacrer surtout à la télévision.
Autres principaux films : »Les Intrigantes» (Decoin, 1954), «Des gens sans importance» (Verneuil, 1955), «Elisa» (Richebé, 1956), «Une manche et la belle» (Verneuil, 1957), «Le Joueur» (Autant-Lara, 1958), «Un singe en hiver» (Verneuil, 1962), «Bébert et l'omnibus» (Robert, 1963), «Week-end à Zuydcoote» (Verneuil, 1964), «Les Copains» (Robert, 1964), «La Vingt-cinquième Heure» (Verneuil, 1966), «Sous le signe du taureau» (Grangier, 1967), «Le Petit Bougnat» (Toublanc-Michel, 1969), «Prêtres interdits» (La Patellière, 1973), «Gross Paris» (Grangier, 1973), «Mords pas, on t'aime» (Y. Allégret, 1976).

JONATHAN BRANDIS
13 avril 1976-12 novembre 2003
À trois ans, il est déjà une star de la pub. Au début des années 90, il est le héros de la série télévisée «Sea Quest». Mais il n'eut jamais de propositions intéressantes pour le cinéma. Une apparition dans «Liaison fatale» (Lyne, 1987), un vrai rôle dans «Une histoire sans fin 2» (Miller, 1990). Entre panouilles et personnages secondaires, sa carrière ne décolle pas. On le voit encore dans «Chevauchée avec le diable» (Ang Lee, 1999) ou «Mission évasion» (Hoblit, 2002). Rien d'intéressant. Déprimé, il met fin à ses jours en se pendant. Il avait vingt-sept ans.

MARLON BRANDO
3 avril 1924-1er juillet 2004
«Icône», «mythe», «dernier monstre sacré», «comédien immortel»... Marlon Brando, abandonné, ruiné, avait aujourd'hui encore une aura fabuleuse. Turbulent, rebelle, le jeune Marlon ne trouve son bonheur que sur les planches. Les années 40 le voient sur de nombreuses scènes. Elia Kazan l'engage pour interpréter Stanley Kowalski dans «Un tramway nommé désir» au théâtre en 1947. La pièce se jouera plus de 850 fois. Kazan le reprend pour son adaptation cinématographique en 1951. Tee-shirt déchiré, trempé de sueur, les épaules musclées et luisantes, il hurle sa douleur en un long cri déchirant. Une performance impressionnante qui le propulse au rang de jeune premier, un peu voyou, très séduisant. Sa voix, traînante, à la fois rauque et feutrée, ses mâchoires serrées, son jeu exacerbé, sa violence rentrée qui éclate en bouffées incontrôlées font craquer garçons et filles. C'est le début d'une carrière fulgurante. «L'Équipée sauvage» (Benedek, 1954) et «Sur les quais» (Kazan, 1954) pour lequel il récolte un Oscar confirment son génial talent. Les années 50 et 60 sont grandioses avec des rôles magiques qui en font un comédien adulé. En 1961, au sommet de sa gloire, il réalise «La Vengeance aux deux visages», une œuvre ambitieuse, mal comprise. Son échec l'affectera profondément. Après le superbe rôle du libérateur dictateur de «Queimada» (Pontecorvo, 1970), film qu'il affectionnait particulièrement, il apparaît, en 1972, vieilli, plus massif, grimé mais toujours aussi impressionnant dans «Le Parrain» (F. F. Coppola, 1972). Magistral, il reçoit un deuxième Oscar. Il aura, par la suite, encore quelques grands rôles comme dans le sulfureux «Dernier Tango à Paris» (Bertolucci, 1973), mais il préfère apparaître en «guest star», détruisant systématiquement son image de sex-symbol. Sa vie privée turbulente qui virera au tragique, ses combats politiques en faveur des Indiens d'Amérique marqueront également les esprits.
Autres films : «C'étaient des hommes» (Zinnemann, 1950), «Viva Zapata !» (Kazan, 1952), «Jules César» (Mankiewicz, 1953), «Désirée» (Koster, 1954), «Blanches colombes et vilains messieurs» (Mankiewicz, 1955), «La Petite Maison de thé» (D. Mann, 1956), «Sayonara» (Logan, 1957), «Le Bal des maudits» (Dmytryk, 1958), «L'Homme à la peau de serpent» (Lumet, 1960), «Les Révoltés du Bounty» (Milestone, 1962), «Le Vilain Américain» (Englund, 1963), «Les Séducteurs» (Levy, 1964), «Morituri» (Wicki, 1965), «La Poursuite impitoyable» (A. Penn, 1966), «L'Homme de la Sierra» (Furie, 1966), «La Comtesse de Hong Kong» (Chaplin, 1967), «Reflets dans un œil d'or» (Huston, 1967), «La Nuit du lendemain» (Cornfelt, 1968), «Candy» (Marquand, 1968), «Le Corrupteur» (Winner, 1972), «The Missouri Breaks» (A. Penn, 1976), «Superman» (Donner, 1977), «La Formule» (Avildsen, 1980), «Une saison blanche et sèche» (Palcy, 1988), «Premiers pas dans la Mafia» (Bergman, 1990), «Christopher Columbus : The Discovery» (Glen, 1992), «Don Juan De Marco» (Leven, 1995), «L'Île du docteur Moreau» (Frankenheimer, 1996), «The Brave» (Depp, 1997), «Free Money» (Simoneau, 1998), «The Score» (Oz, 2000), «Apocalypse Now Redux» (Coppola, 2001).

CHARLES BRONSON
3 novembre 1921-30 août 2003
Onzième enfant d'une famille de mineurs établie en Pennsylvanie, il prend lui aussi dès seize ans le chemin des puits. Quelques petits boulots plus loin, sa rencontre avec le septième Art l'éloigne de la misère et de la délinquance. Son visage taillé à la serpe, ses yeux légèrement bridés, son jeu instinctif, presque animal, le cantonnent dans des rôles de dur silencieux ou de désaxé volubile. Et déjà certaines de ces prestations étonnent et impressionnent. C'est en 1954, pour échapper à la paranoïa anticommuniste qui sévit alors aux États-Unis, qu'il abandonne son vrai nom d'immigré lituanien, Charles Buchinsky pour celui plus cinématographique de Charles Bronson. Aussi à l'aise dans les bas-fonds glauques et interlopes que dans les plaines surchauffées du Texas, il se fait peu à peu un nom entre polars et westerns. En 1958, Roger Corman lui donne le rôle-titre de «Mitraillette Kelly», film à petit budget tourné en huit jours. Deux ans plus tard, John Sturges l'engage dans l'aventure des «Sept Mercenaires». Mais la grande notoriété n'est pas encore au rendez-vous. Dans «La Grande Évasion» (1963) du même Sturges, «Le Chevalier des sables» (Minnelli, 1964) ou «Propriété Interdite» (Pollack, 1966), il est, avant tout, l'excellent partenaire de prestigieux comédiens. En trois films, l'Europe

transforme son statut d'acteur de complément en celui de vedette à part entière. «Adieu l'ami» (Herman, 1968), «Il était une fois dans l'Ouest» (Leone, 1968) et «Le Passager de la pluie» (Clément, 1969) offrent à ce grand taciturne, dont le regard inquiétant sait parfois se faire doux et rassurant, trois rôles fracassants et populaires. C'est à cette époque qu'il se marie en secondes noces avec l'actrice Jill Ireland qui mourra d'un cancer en 1990. Son succès européen trouve un écho outre-atlantique. Il devient le comédien fétiche des cinéastes Michael Winner et Jack Lee Thompson qui vont user jusqu'à la corde (pour le meilleur et le moins bon) son personnage de héros nihiliste, hanté par un souvenir douloureux, soutenu par une haine de lui-même ou des autres, palliant à grands coups de justice individuelle la déficience d'une police trop laxiste. Sean Penn lui donne un dernier rôle, sublime, dans «The Indian Runner» (1991). Il y incarne une fois encore un homme muré dans le silence et la solitude qui finit par se suicider pour fuir son mal de vivre.

Autres principaux films : sous le nom de Charles Buchinsky : «La marine est dans le lac» (Hathaway, 1951), «Le peuple accuse O'hara» (Sturges, 1951), «Dans la gueule du loup» (Parrish, 1951), «Duel dans la forêt» (J. M. Newman, 1952), «Mes six forçats» (Fregonese, 1952), «Je retourne chez maman» (Cukor, 1953), «Mademoiselle Gagne-Tout» (Cukor, 1953), «Courrier Diplomatique» (Hathaway, 1953), «Gosse des bas-fonds» (Jones, 1953), «L'Homme au masque de cire» (De Toth, 1953), «La Chasse au Gang» (De Toth, 1954), «La Belle du Pacifique» (Thompson et Bernhardt, 1954), «Le Cavalier traqué» (De Toth, 1954), «Bronco Apache» (Aldrich, 1954), «Vera Cruz» (Aldrich, 1954).

Sous le nom de Charles Bronson : «L'Aigle solitaire» (Daves, 1954), «Dix hommes pour l'enfer» (Jones, 1955), «L'Homme de nulle part» (Daves, 1956), «Le Jugement des flèches» (Fuller, 1956), «Dix rue Frederick» (Dunne, 1958), «La Proie des vautours» (Sturges, 1959), «Les sept mercenaires» (Sturges, 1960), «Tonnerre Apache» (J. M. Newman, 1961), «X 15» (Donner, 1961), «Le Maître du monde» (Witney, 1961), «Un direct au cœur» (Karlson, 1962), «Quatre du Texas» (Aldrich, 1963), «La Bataille des Ardennes» (Annakin, 1965), «Les Douze Salopards» (Aldrich, 1967), «La Bataille de San Sebastian» (Verneuil, 1967), «Pancho Villa» (Kulik, 1968), «L'Ange et le Démon» (Donner, 1969), «Les Baroudeurs» (Collinson, 1970), «La Cité de la violence» (Sollima, 1970), «De la part des copains» (Young, 1970), «Quelqu'un derrière la porte» (Gessner, 1971), «Soleil rouge» (Young, 1971), «Les Collines de la terreur» (Winner, 1971), «Cosa Nostra» (Young, 1972), «Le Flingueur» (Winner, 1972), «Chino» (Sturges, 1973), «Le Cercle noir» (Winner, 1973), «Mister Majestic» (Fleischer, 1974), «Un justicier dans la ville» (Winner, 1974), «L'Évadé» (Gries, 1975), «Le Bagarreur» (Hill, 1975), «Le Solitaire de Fort Humboldt» (Gries), «C'est arrivé entre midi et trois heures» (Gilroy, 1975), «Raid sur Entebbe» (Kershner, 1976), «Monsieur Saint Ives» (Thompson, 1976), «Le Bison blanc» (Thompson, 1977), «Un espion de trop» (Siegel, 1977), «Avec les compliments de Charlie» (Rosenberg, 1978), «Chicanos, chasseur de têtes» (Freedman, 1980), «Cabo Blanco» (Thompson, 1980), «Chasse à mort» (Hunt, 1981), «Un justicier dans la ville 2» (Winner, 1982), «Le Justicier de minuit» (Winner, 1985), «Act of Vengeance» (McKenzie, 1986), «La Loi de Murphy» (Thompson, 1986), «Protection rapprochée» (Hunt, 1987), «Le justicier braque les dealers» (Thompson, 1987), «Le Messager de la mort» (Thompson, 1988), «Kinjite, sujets tabous» (Thompson, 1989), «Un justicier dans la ville 5» (Goldstein, 1994).

RAND BROOKS

21 septembre 1918-1er septembre 2003

Vétéran d'Hollywood, cet acteur a traversé quelques plans dans 150 films et téléfilms, approché les plus grandes stars et même embrassé Marilyn Monroe dans «Les Reines du Music-Hall» (Karlson, 1949).

ROBERT BROWN

23 juillet 1921-14 novembre 2003

Cet acteur britannique a succédé à Bernard Lee, décédé en 1981, dans le rôle de «M», le chef des services secrets de sa Majesté, patron de James Bond. Quatre épisodes plus loin, il sera lui-même remplacé par une femme, Judy Dench, et prendra une retraite bien méritée. Une première apparition dans «Le Troisième Homme» (Reed, 1949) lui met le pied à l'étrier. Il enchaîne ensuite les rôles de complément dans une cinquantaine de films dont «Ivanhoé» (Thorpe, 1952), «Ben Hur» (Wyler, 1959) et «Billy Budd» (Ustinov, 1962) et plusieurs séries télévisées. À noter qu'il avait déjà côtoyé James Bond en 1977 sous l'identité de l'amiral Hargreaves dans «L'espion qui m'aimait» (L. Gilbert).

Charles Bronson

Principaux autres films : «Hélène de Troie» (Wise, 1956), «Le Redoutable Homme des neiges» (Guest, 1957), «Kill me Tomorrow» (Fischer, 1957), «L'Épopée dans l'ombre» (Anderson, 1959), «Le Masque de la mort rouge» (Corman, 1964), «Opération Crossbow» (Anderson, 1965), «Le Lion du désert» (Akkad, 1980), «Octopussy» (Glen, 1983), «Dangereusement vôtre» (Glen, 1985), «Tuer n'est pas jouer» (Glen, 1987), «Permis de tuer» (Glen, 1989).

MARC CAMOLETTI

16 novembre 1923-18 juillet 2003

Auteur de théâtre, il a aligné les succès dans le «Boulevard». «Boeing Boeing», un de ses plus grands triomphes fut adapté à l'écran en 1965 et mis en scène par Rich pour Jerry Lewis et Tony Curtis. En 1979, Camoletti porta lui-même à l'écran un autre de ses «best-sellers», «Duos sur canapé».

JUDY CAMPBELL

31 mai 1916-6 juin 2004

Judith Mary Campbell, actrice anglaise de renom, égérie de Noël Coward, est surtout connu en France pour être la mère d'Andrew (réalisateur et scénariste) et de Jane (chanteuse). Si elle fit essentiellement du théâtre, ses apparitions au cinéma ne sont pourtant pas négligeables. Judy Campbell avait même dans les années quarante, obtenu quelques rôle principaux comme dans «Green For Danger» (Gilliat, 1946) ou «Bonnie Prince Charlie» (Kimmings, 1948). Sa filmographie ne dépasse pas une douzaine de films ainsi que quelques téléfilms et séries («Morse»). En 1987, Agnès Varda rassemble toute la famille dans «Kung-Fu Master» où Judy Campbell est la mère de Mary-Lou et la grand-mère de Lucy, jouées respectivement par Jane Birkin et Charlotte Gainsbourg !

BENNY CARTER

8 août 1907-12 juillet 2003

«Quand je serai grand, je veux être Benny Carter» déclarait un Dizzie Gillespie, la soixantaine bien frappée. Roi du swing, à la fois poète et magicien avec la pureté sonore qui émanait de son saxophone, Benny Carter était reconnu comme un maître par tous les grands noms du jazz. Et pourtant, le cinéma fit très peu appel à lui. Il composa la musique de deux longs métrages «A Man called Adam» (L. Penn, 1966) et «Buck and The Preacher» (Poitier, 1972) et travailla avec John et Faith Hubbley sur plusieurs courts métrages d'animation.

JUNE CARTER CASH

23 juin 1929-15 mai 2003

Actrice et chanteuse de country, elle fut l'épouse de Johnny Cash avec qui elle devait coproduire «The Gospel Road» en 1973 (Elfstrom). Entre deux concerts, elle joua dans quelques films («Le Prédicateur» de Robert Duvall en 1997) et apparut dans plusieurs documentaires sur la musique country. Elle composa aussi la musique de «Static» (Romanek, 1985).

JOHNNY CASH

26 février 1932-12 septembre 2003

Une des légendes de la musique country. Souvent avec son épouse, morte quelque mois plus tôt, il participa comme acteur à de nombreux films, documentaires sur la musique ou fictions.

Principaux films : «L'Ultime Randonnée» (Furie, 1970), «Le Pays de la violence» (Frankenheimer, 1970), «Dialogue de feu» (Johson, 1971), «The Thing called Love» (Bogdanovich, 1993), «La Dernière Marche» (Robbins, 1995).

BRUNO CESARI

1934-30 janvier 2004

Ce chef décorateur italien a travaillé avec les plus grands réalisateurs de son pays. Il eut même son heure de gloire en 1988 avec l'Oscar du meilleur décor pour «Le Dernier Empereur» de Bertolucci. En 1999, il obtenait une nouvelle nomination pour «Le Talentueux M. Ripley» de Minghella.

Principaux autres films : «Rêve de singe» (Ferreri, 1978), «Prova d'orchestra» (Fellini, 1978), «La Cité des femmes» (Fellini, 1980), «Little Buddha» (Bertolucci, 1993), «La Légende du pianiste sur l'océan» (Tornatore, 1998), «Le Dernier Harem» (Ozpetek, 1999), «Maléna» (Tornatore, 2000), «Tableau de famille» (Ozpetek, 2001), «Callas Forever» (Zeffirelli, 2002).

RAY CHARLES
23 septembre 1930-10 juin 2004
Les chansons de cet immense musicien noir américain, aveugle, inventeur de la Soul Music, ont accompagné bien des films. Mais lui-même, entre autres, a écrit spécialement la chanson générique de «Dans la chaleur de la nuit» et supervisé les chœurs de «Funny Lady». Il fit aussi quelques apparitions comme acteur : lui-même dans «The Blues Brothers» (Landis, 1980), Julius dans «Hors limites» (Martini, 1989) et – plus drôle ! – chauffeur de bus dans «Agent zéro zéro» (Friedberg, 1996).

ANDRÉ CLAVEAU
17 décembre 1911-4 juillet 2003
Avec sa «voix de velours» qui touchait au cœur, ce chanteur des années 40 et 50 aligna les succès dont le célèbre «Cerisiers roses et pommiers blancs». Le cinéma lui fit les yeux doux. Seul titre de gloire, le rôle du chansonnier Paul Delmet dans «French Cancan» (Renoir, 1954). Pour le reste, quelques obscures comédies et mélodrames sans importance.
Principaux films : «Le destin s'amuse» (Reinert, 1946), «Les Vagabonds du rêve» (Tavano, 1949), «Cœur sur mer» (Daniel-Normand, 1950), «Pas de vacances pour monsieur le Maire» (M. Labro, 1951), «Les Surprises d'une nuit de noce» (Vallée, 1951), «Un jour avec vous» (Legrand, 1951), «Rires de Paris» (Lepage, 1952), «Prisonniers de la brousse» (W. Rozier, 1960).

SUZANNE CLOUTIER
10 juillet 1927-2 décembre 2003
Actrice canadienne tout à fait singulière dont le rôle le plus marquant fut Desdemone dans le «Othello» d'Orson Welles (1952). Pin-up sur les magazines d'après-guerre, elle débarque en France en 1949 pour travailler au théâtre avec Jean Dasté. Après son mariage avec Peter Ustinov en 1954, ses apparitions cinématographiques sont de plus en plus rares. En revanche, elle n'abandonnera jamais Welles qu'elle aidera même financièrement sur des projets qui malheureusement resteront dans les cartons comme «Don Quixote».
Principaux films : «Au royaume des cieux» (Duvivier, 1949), «Juliette ou la clé des songes» (Carné, 1950), «Moulin-Rouge» (Huston, 1953), «Toubib or not toubib» (Thomas, 1954), «Romanoff and Juliette» (Ustinov, 1961).

MICHEL CONSTANTIN
13 juillet 1924-29 août 2003
Une gueule et une voix. Grand et athlétique, le timbre grave et gouailleur, les sourcils épais, le visage dissymétrique, les oreilles décollées, Michel Constantin n'était pourtant pas destiné au cinéma. Né Constantin Hokhloff, d'un père russe et d'une mère polonaise, il travaille en usine puis, au début des années 50, devient capitaine de l'équipe de France de Volley-Ball et journaliste sportif. Jacques Becker remarque son physique impressionnant et l'engage pour jouer Jo, un des codétenus qui essaient de s'évader dans «Le Trou» (1956). Il va devenir, dans les années 60 et 70, une des gueules les plus attachantes du cinéma hexagonal, une figure incontournable du polar à la française. Alternativement gangster placide, policier incorruptible, dur au cœur tendre, il n'évite pas toujours la caricature mais Robert Enrico, Georges Lautner, Yves Boisset, Jean-Pierre Melville et Jean-Claude Missiaen sauront tirer le meilleur parti de ce comédien instinctif. Après un livre de souvenirs et la présentation d'une émission de télévision («Anagram»), il s'était, depuis longtemps, retiré dans le sud de la France.

Michel Constantin

Principaux autres films : «Un nommé La Rocca» (Jean Becker, 1961), «La Loi des hommes» (Charles Gérard, 1962), «Maigret voit rouge» (Grangier, 1963), «Les Gorilles» (Girault, 1964), «Les Grandes Gueules» (Enrico, 1965), «Le deuxième Ssuffle» (Melville, 1966), «Ne nous fâchons pas» (Lautner, 1966), «Jerk à Istanbul» (Francis Rigaud, 1967), «La Loi du survivant» (Giovanni, 1967), «La Gloire des canailles» (De Martino 1967), «L'Étoile du sud» (Hayers, 1968), «Mise à sac» (Cavalier, 1968), «Les Étrangers» (Desagnat, 1969), «La Fiancée du Pirate» (N. Kaplan, 1969), «La Peau de Torpédo» (Delannoy, 1970), «L'Ardoise» (Bernard-Aubert, 1970), «Dernier domicile connu» (Giovanni, 1970), «Un Condé» (Boisset, 1970), «Vertige pour un tueur» (Desagnat, 1970), «La Cité de la violence» (Sollima, 1970), «De la part des copains» (Young, 1970), «Laisse aller... C'est une valse» (Lautner, 1971), «La Part des lions» (Larriaga, 1971), «Il était une fois un flic» (Lautner, 1972), «La Scoumoune» (Giovanni, 1972), «Les Caïds» (Enrico, 1972), «Un homme est mort» (Deray, 1973), «Les Hommes» (Vigne, 1973), «Le Mataf» (Leroy, 1973), «La Valise» (Lautner, 1973), «Meurtres à Rome» (Lorenie, 1973), «Deux grandes gueules» (Corbucci, 1974), «Un linceul n'a pas de poches» (Mocky, 1975), «La Traque» (Leroy, 1975), «Au-delà de la peur» (Andréi, 1975), «Les Requins du désert» (Valerii, 1977), «Ça fait tilt» (Hunebelle, 1978), «Plein les poches pour pas un rond» (Daert, 1978), «Une poignée de salopards» (Castellari, 1978), «Signé Furax» (Simenon, 1981), «Tir groupé» (Missiaen, 1982), «Deux heures moins le quart avant Jésus-Christ» (Yanne, 1982), «Les Morfalous» (Verneuil, 1984), «La Baston» (Missiaen, 1985), «Le téléphone sonne toujours deux fois» (Vergne, 1985), «La Loi sauvage» (Reusser, 1986), «Ville à vendre» (Mocky, 1992).

JEANNE CRAIN
25 mai 1925-14 décembre 2003
La sensualité perçait derrière l'apparente froideur de cette comédienne américaine distinguée qui accompagna les plus grands en rêvant de tenir le haut de l'affiche. Elle fut même nominée pour un Oscar dès ses débuts pour le rôle de la belle et généreuse «négresse blanche» de «L'Héritage de la chair» d'Elia Kazan (1949). La suite de sa carrière fut très irrégulière mais on n'oubliera pas le personnage de Reed Bowman, la propriétaire du ranch de «L'homme qui n'a pas d'étoile» (K. Vidor, 1955), «real woman» de l'Ouest prête à tout pour assurer sa puissance. Jeanne Crain mit un terme à sa carrière en 1972.
Principaux autres films : «Le Jockey de l'amour» (Hathaway, 1944), «Péché mortel» (Stahl, 1945), «Centenial Summer» (Preminger, 1946), «Margie» (King, 1946), «Tu m'étais destinée» (Bacon 1947), «L'Amour sous les toits» (Seaton, 1948), «Chaînes conjugales» (Mankiewicz, 1948), «L'Éventail de Lady Windermere» (Preminger, 1949), «Treize à la douzaine» (W. Lang, 1950), «On murmure dans la ville» (Mankiewicz, 1951), «Six filles cherchent un mari» (Levin, 1952), «La Sarabande des pantins» (Hathaway, 1952), «Meurtre à bord» (J. Newman, 1953), «Duel dans la jungle» (Marshall, 1954), «Les hommes épousent les brunes» (Sale, 1955), «La première balle tue» (Rouse, 1956), «Mort sur la voie publique» (Arnold, 1956), «Le Pantin brisé» (C. Vidor, 1957), «Tonnerre sur Timberland» (Webb, 1959), «Madison Avenue» (Humberstone, 1960), «Nefertiti, reine du Nil» (Cerchio, 1961), «Par le fer et le feu» (Cerchio, 1961), «Ponce Pilate» (Rapper, 1961), «Alerte à la bombe» (Guillermin, 1972).

Sophie Daumier

CELIA CRUZ
21 octobre 1924-16 juillet 2003
Chanteuse de salsa et comédienne américaine d'origine cubaine, elle travailla dans les années 60 avec l'orchestre de Tito Puente puis se lança avec succès dans une carrière solo. Elle apparaît en personne dans de nombreux films sur la musique mais elle s'essaya aussi à la comédie et apparut dans quelques longs métrages de fiction.
Principaux films : «Affair in Havana» (Benedek, 1957), «Amorcito Corazon» (Gonzales, 1961), «La Venganza de la Momia» (Aured, 1973), «The Perez Family» (Nair, 1995).

SOPHIE DAUMIER
24 novembre 1936-21 décembre 2003
Après quelques mois au Conservatoire au début des années 50, Elisabeth Hugon commence une carrière de comédienne sous le nom de Betty Daumier. En 1958, elle obtient le rôle de Sophie dans «Patate» de Marcel Achard, pièce qu'elle jouera de 1957 à 1963. Elle décide de faire sien ce prénom. C'est en 1955 qu'elle fait sa première apparition au cinéma («Paris Canaille» de Gaspard-Huit). Débordante d'énergie, jolie et drôle, ses cheveux blonds encadrant de grands yeux sombres et une bouche rieuse, elle débute une gentille carrière dans de petites comédies sans prétention et insouciantes où elle a souvent les premiers rôles. En 1963, elle rencontre

Guy Bedos sur le tournage de «Dragées au poivre» (Baratier). Coup de foudre. Le couple décide de se produire en duo sur les scènes. Ils interprètent des sketches souvent hilarants («La Drague») sur la vie quotidienne des Français moyens. En 1977, ils divorcent. Sophie tourne encore un peu avant de s'arrêter définitivement, atteinte par la Chorée de Huntington qui la rongeait depuis quelques années et qui a fini par l'emporter.
Principaux autres films : «Les Collégiennes» (Hunebelle, 1976), «À pied, à cheval et en voiture» (Delbes, 1957), «Les femmes sont marrantes» (Hunebelle, 1957), «La Peau de l'ours» (Boissol, 1957), «Quand la femme s'en mêle» (Y. Allégret, 1957), «À pied, à cheval et à Spoutnik» (Dréville, 1958), «Chéri, fais-moi peur» (Pinoteau, 1958), «Bal de nuit» (Cloche, 1959), «Les Loups dans la bergerie» (Bromberger, 1959), «Amélie ou le temps d'aimer» (Drach, 1960), «Les croulants se portent bien» (Boyer, 1961), «L'Amour à la mer» (Gilles, 1962), «Un chien dans un jeu de quilles» (Collin, 1962), «Carambolages» (Bluwal, 1963), «Aimez-vous les femmes ?» (Léon, 1964), «Cent briques et des tuiles» (Grimblat, 1964), «Par un beau matin d'été» (Deray, 1964), «Pas de caviar pour tante Olga» (Jean Becker, 1965), «Una voglia da morire» (Tessari, 1965), «Trois cavaliers pour Fort Yuma» (Ferroni, 1967), «Pouce» (Badel, 1971), «Comme la lune» (Séria, 1976), «Violette et François» (Rouffio, 1977), «Freddy» (R. Thomas, 1978), «Une histoire simple» (Sautet, 1978), «Les Givrés» (Jaspard, 1979).

GEORGES DE CAUNES
26 avril 1919-28 juin 2004
Grand journaliste sportif, un des piliers de la télévision des débuts, père du réalisateur Antoine de Caunes et grand-père d'Emma. Acteur d'occasion dans quelques films où il jouait souvent le rôle d'un… journaliste ! : «Tahiti ou la joie de vivre» (Borderie, 1957), «Tartarin de Tarascon» (Blanche, 1962), «La Chance et l'amour» (Berri, Bitsch, Schlumberger, Tavernier, 1964), «Le Fürher en folie» (Clair, 1974), «Fausto» (Duchemin, 1993), «Mr N.» (A. de Caunes, 2003).

GÉRARD DARRIEU
11 septembre 1925-22 janvier 2004
Avec son physique agréable et sa belle voix grave, cet acteur de théâtre qui avait commencé sa carrière en 1946 dans des pièces de Sartre, est resté régulièrement à l'affiche jusqu'au début des années 80, notamment avec son ami Laurent Terzieff. Parallèlement, il a mené une fructueuse carrière de seconds rôles au cinéma et à la télévision.
Principaux films : «Le Jugement de Dieu» (Bernard, 1949), «Le Rideau rouge» (Barsacq, 1952), «Poisson d'avril» (Grangier, 1954), Sophie et le crime (Garpard-Huit, 1955), «Des gens sans importance» (Verneuil, 1955), «Marie-Antoinette, reine de France» (Delannoy, 1956), «Gervaise» (Clément, 1956), «Maigret tend un piège» (Delannoy, 1958), «Ascenseur pour l'échafaud» (Malle, 1958), «Les Misérables» (Le Chanois, 1958), «Une vie» (Astruc, 1958), «Les Dragueurs» (Mocky, 1959), «Un témoin dans la ville» (Molinaro, 1959), «Un couple» (Mocky, 1960), «Normandie – Niémen» (Dréville, 1960), «La Famille Fenouillard» (Robert, 1960), «Le Caïd» (Borderie, 1960), «Les trois mousquetaires : «la vengeance de Milady» (Hunebelle, 1961), «Le Caporal épinglé» (Renoir, 1962), «Arsène Lupin contre Arsène Lupin» (Molinaro, 1962), «Les Barbouzes» (Lautner, 1964), «Week-end à Zuydcoote» (Verneuil, 1964), «Mademoiselle» (Richardson, 1966), «Qui êtes-vous, Polly Maggoo ?» (Klein, 1966), «Un homme de trop» (Costa-Gavras, 1967), «Z» (Costa-Gavras, 1969), «L'Aveu» (Costa-Gavras, 1970), «Décembre» (Lakhdar Hamina, 1972), «L'Affaire Dominici» (Bernard-Aubert, 1973), «Le Gang des otages» (Molinaro, 1973), «La Traque» (Leroy, 1975), «Mon oncle d'Amérique» (Resnais, 1980), «Le Professionnel» (Lautner, 1981), «Sarah» (Dugowson, 1983), «Les Princes» (Gatlif, 1983), «Netchaïev est de retour» (Deray, 1991).

FRANCE DELAHALLE
1923-9 février 2004
Cette comédienne a partagé sa carrière entre le théâtre classique et le Boulevard. Elle fit une première apparition sans lendemain au cinéma dans «Picpus» (Pottier, 1942). Il faudra attendre plus de dix ans pour la retrouver dans «Si Versailles m'était conté» (Guitry, 1954). Elle tournera encore quatre films et fera un petit tour vers le petit écran. Toujours sans lendemain.
Autres films : «Les deux orphelines» (Freda, 1965), «J'ai tué Raspoutine» (Hossein, 1967), «Playtime» (Tati, 1967), «Ils» (Simon, 1970).

Jacques Deray

JACQUES DERAY
19 février 1929-10 août 2003
«J'ai la modestie de me dire chaque matin : "Tu fais un métier merveilleux", et de m'extasier sur le fait de pouvoir créer des films. Mon souhait est que ceux-là soient de plus en plus aboutis, sans cesser de retenir l'attention du public», aimait souvent à rappeler ce cinéaste discret, humble et rigoureux qui commença sa carrière comme acteur. Pas longtemps… Trop timide, il passe derrière la caméra comme assistant aux côtés de Jean Boyer et Gilles Grangier, «soutiers» du cinéma français. Il apprend aussi avec Luis Buñuel sur «Cela s'appelle l'aurore» (1955) et Jules Dassin sur «La Loi» (1958). Ses classes faites, il passe à la réalisation alors que la Nouvelle Vague déferle… sans lui, qui reste trop respectueux de cette «tendance du cinéma français» qui lui a tout appris. En 1960, il tourne pourtant avec Alida Valli et Jean-Claude Brialy «Le Gigolo», mais c'est «Du Rififi à Tokyo» et «Symphonie pour un massacre» réalisés en 1963 qui le propulsent sur le devant de la scène. Il impose un style de polar à la française, inspiré bien sûr du modèle américain mais dont la sécheresse de ton, la précision de la direction d'acteurs, la rigueur du découpage et la fluidité des travellings sont salués par la critique et appréciés par un large public. Au fil des films se dessine un style «Deray». «La Piscine» (1969) consacre le réalisateur et scelle une indéfectible amitié avec Alain Delon. En 1970, il réunit le couple Delon-Belmondo pour un grand film hommage au polar américain, «Borsalino». Pendant plus de dix ans, Deray utilise son savoir-faire au service des deux stars. Mais, entre deux blockbusters, il met en scène des œuvres plus intimistes, plus ambitieuses aussi, comme le mélancolique «Un peu de soleil dans l'eau froide» (1971) et le kafkaïen «Un papillon sur l'épaule» (1978). Son dernier film, «L'Ours en peluche» (1994) signe sa neuvième collaboration avec Alain Delon.
Autres films : «Par un beau matin d'été» (1965), «L'Homme de Marrakech» (1966), «Avec la peau des autres» (1966), «Doucement les basses !» (1971), «Un homme est mort» (1973), «Borsalino and co» (1974), «Flic Story» (1975), «Le Gang» (1977), «Trois hommes à abattre» (1980), «Le Marginal» (1983), «On ne meurt que deux fois» (1985), «Le Solitaire» (1986), «Maladie d'amour» (1987), «Les Bois noirs» (1989), «Netchaïev est de retour» (1990), «Un crime» (1993).

JEAN DEVAIVRE
18 décembre 1912-28 avril 2004
Jean-Justin de Vaivre fut d'abord décorateur puis assistant de Maurice Tourneur («La Main du diable», 1942) et Richard Pottier («Les Caves du Majestic», 1944). En 1945, il passe à la réalisation avec «Le Roi des resquilleurs». Son excellent film policier avec Paul Meurisse, «La Dame d'onze heures» (1947) et sa vision de l'affaire Paul-Louis Courier dans «La Ferme des sept péchés» (1948), primé au festival de Locarno, le font connaître. Son engagement pendant la guerre aux côtés de Jean-Paul Le Chanois est

exemplaire : il continuait de travailler pour la Continental tout en opérant pour la Résistance. C'est cette histoire (et celle du scénariste Jean Aurenche) que Bertrand Tavernier décide de mettre en scène dans «Laissez-passer» (2002). Malheureusement, suite à ce film, un désaccord incompréhensible aura terni l'amitié de Tavernier et Devaivre.
Autres films : «Vendetta en Camargue» (1949), «L'Inconnue de Montréal» (1950), «Un caprice de Caroline chérie» (1953), «Ma femme, ma vache et moi» (1953), «Alerte au sud» (1953), «Le Fils de Caroline chérie» (1955), «L'Inspecteur aime la bagarre» (1957).

DANIEL DIOT
14 mai 1924-21 août 2003
Formé à l'école des meilleurs, ce chef opérateur avait bien retenu les leçons d'Henri Alekan («La Belle et la Bête» de Cocteau en 1946) et d'Armand Thirard («Les Diaboliques» de Clouzot en 1955) dont il fut un temps l'assistant. Sa carrière de directeur de la photographie manque sans doute de grands noms de réalisateurs mais son travail fut toujours impeccable et il est indéniable que la beauté lumineuse des films de Sergio Gobbi lui doivent beaucoup. Depuis plusieurs années, il travaillait surtout pour la télévision.
Principaux films : «Tintin et le mystère de la toison d'or» (Vierne, 1961), «Maldonne» (Gobbi, 1968), «Le Sacre du printemps» (Béjard, 1968), «Le Temps des loups» (Gobbi, 1969), «Une fille nommée Amour» (Gobbi, 1969), «Un beau monstre» (Gobbi, 1970), «Point de chute» (Hossein, 1970), «Les Galets d'Étretat» (Gobbi, 1971), «Bons baisers à lundi» (Audiard, 1974), «Lune de miel» (Jamain, 1985).

JOHN GREGORY DUNNE
25 mai 1932-30 décembre 2003
Cet écrivain américain s'essaya au scénario en coécrivant avec son épouse, la romancière Joan Didion, une vingtaine de scénarios (il ne fut pas toujours crédité) dont «Panique à Needle Park» (Schatzberg, 1971), «Play it as it lays» (Perry, 1972) et le remake d'«Une étoile est née» (Pierson, 1976). En 1981, toujours avec sa femme, il scénarisa son propre roman «Sanglantes confessions» (Grosbard, 1981). Après plusieurs romans, ils récidivèrent une dernière fois pour le film «Personnel et confidentiel» (Avnet, 1996).

JACK ELAM
13 novembre 1918-20 octobre 2003
Un œil torve à moitié fermé, un strabisme étonnant, un rictus sardonique... Une »sale gueule» qu'on n'oublie pas. Cet acteur de complément a une bonne centaine de films à son actif dont plus des deux tiers sont des westerns. Du «Petit Train du Far West» (Sale, 1950) à «Pat Garrett et Billy le Kid» (Peckinpah, 1973), il écuma l'Ouest américain : hors-la-loi, voleur de chevaux, il est pratiquement toujours du côté des méchants et, donc, généralement condamné à mourir avant la fin. Aux côtés de quelques chefs-d'œuvre comme «L'Ange des maudits» (Lang, 1952), «Vera Cruz» (Aldrich, 1954), «Je suis un aventurier» (Mann, 1954), «Les Contrebandiers de Moonfleet» (Lang, 1955), «L'Homme de la plaine» (Mann, 1955), «Règlement de comptes à OK Corral» (Sturges, 1957) ou «Il était une fois dans l'Ouest» (Leone, 1968), il aligna quelques séries B et Z plutôt gratinées.
Principaux autres films : «Guérilla» (Lang, 1950), «L'Attaque de la malle-poste (Hathaway, 1951), «Les Révoltés de la Claire-Louise» (J. Tourneur, 1953), «Chevauchée avec le diable» (Hibbs, 1954), «La Grande Caravane» (Kane, 1954), «La Reine de la plaine» (Dwan, 1955), «En quatrième vitesse» (Aldrich, 1955), «Un jeu risqué» (J. Tourneur, 1955), «Kismet» (Minelli, 1955), «Artistes et modèles» (Tashlin, 1955), «Le Trouillard du Far West» (Taurog, 1956), «Tonnerre sur l'Arizona» (Kane, 1956), «Le Secret des eaux mortes» (Cornfield, 1957), «La Poursuite fantastique» (Schuster, 1957), «Le Survivant des monts lointains» (Neilson, 1958), «L'Ennemi public» (Siegel, 1958), «Le Secret du grand Canyon» (Siegel, 1959), «El Perdido» (Aldrich, 1961), «Les Comancheros» (Curtiz, 1961), «Quatre du Texas» (Aldrich, 1963), «Rancho Bravo» (McLaglen, 1966), vLa Route de l'Ouest» (McLaglen, 1967), «Le Pistolero de la rivière rouge» (Thorpe, 1967), «Les cinq hors-la-loi» (McEveety, 1968), «Un beau salaud» (Kennedy, 1970), «Rio Lobo» (Hawks, 1970), «Tueur malgré lui» (Kennedy, 1971), «Un colt pour trois salopards» (Kennedy, 1971), «Cactus Jack» (Needham, 1979), «L'Équipée du Cannonball» (Needham, 1980), «La Flambeuse de Las Vegas» (Siegel, 1982), «Cannonball Run 2» (Needham, 1984).

Jacques François

ALEJANDRO FERRETIS
1944 - 30 mars 2004
Fils de l'écrivain Jorge Ferretis, cet acteur mexicain a été assassiné. Il tenait le rôle principal de «Japòn» (2002), film qu'avait écrit pour lui le réalisateur Carlos Reygadas, et qui avait obtenu au Festival de Cannes une mention spéciale du Jury de la Caméra d'Or.

LEONID FILIATOV
24 décembre 1946-26 octobre 2003
Cet acteur russe apparaît dans une vingtaine de films au cinéma comme à la télévision, tous pratiquement inédits sauf «Mélodie pour flûte oubliée» (Ryazanov, 1988) qui a permis de découvrir son jeu sensible et plein d'émotion. Compositeur et écrivain à ses heures, il avait aussi réalisé, en 1990, un film dans lequel il jouait : «Sukiny Deti».
Principaux films : «Ekipazk» (Mitta, 1980), «Success» (Khudyakov, 1984), «Misty Shores» (Karasik, 1986), «Chicherin» (Zarkhy, 1986), «Zagon» (Butros et Gostev, 1987), «Gorod Zero» (Shakhnazarov, 1988), «Shag» (Mitta, 1988), «Alisa i bukinist» (Rudakov, 1992).

JANET FRAME
28 août 1924-29 janvier 2004
Cette grande romancière néo-zélandaise vécut une vie de drames et de tragédies qu'elle raconte dans ses onze romans. Elle fut révélée au grand public par le très beau film de Jane Campion «Un ange à ma table» (1980) tiré de son autobiographie en trois volumes.

JACQUES FRANÇOIS
16 mai 1920-25 novembre 2003
Une élégance aristocratique, un port un peu raide, une diction très châtiée, une gestuelle un brin précieuse... Le très british Jacques François n'était pas content des rôles que le cinéma lui avait réservés. «Bourgeois ridicules, patrons revêches, majordomes raides ou officiers crispés», résumait Jean-Luc Douin dans *Le Monde*. Il est vrai que sa carrière théâtrale ne s'est pas limitée au boulevard, loin s'en faut. De Claudel à Musset, de Guitry à Giraudoux, de Sagan à Anouilh, de Brisville à Bernard-Henry Lévy, il a tout joué avec une finesse, un humour et un talent évidents. Quoi qu'il en soit, les rôles burlesques qu'il endossa au cinéma, souvent marqués au sceau du deuxième degré, ont habillé nombre de comédies de moments hilarants, étonnants, inoubliables... cultes.
Principaux films : «Les affaires sont les affaires» (Dréville, 1942), «Le Capitaine Fracasse» (A. Gance, 1942), «L'Affaire du collier de la reine» (L'Herbier, 1945), «Entrons dans la danse» (Walters, 1948), «Maître après Dieu» (Daquin, 1950), «Édouard et Caroline» (Becker, 1950), «Le Père de Mademoiselle» (L'Herbier et Dagan, 1953), «Les Trois Mousquetaires» (Hunebelle, 1953), «Si Versailles m'était conté» (Guitry, 1953), «Deux Anglais à Paris» (Hamer, 1954), «Les Grandes Manœuvres» (Clair, 1955), «Si Paris nous était conté» (Guitry, 1955), «Clair de terre» (Gilles, 1970), «Églantine» (Brialy, 1971), «R.A.S» (Boisset, 1972), «L'Attentat (Boisset, 1972), «Tout le monde il est beau, tout le monde il est gentil» (Yanne, 1972), «Décembre» (Lakhdar-Hamina, 1972), «Moi y en a vouloir des sous» (Yanne, 1972), «Chacal» (Zinnemann, 1972), «Antoine et Sébastien» (Périer, 1973), «Les Aventures de Rabbi Jacob» (Oury, 1973), «Les Chinois à Paris» (Yanne, 1973), «Section spéciale» (Costa-Gavras, 1975), «Le Chat et la souris» (Lelouch, 1975), «Le Jouet» (Veber, 1976), «Le Convoi de la peur» (Friedkin, 1977), «Je suis timide... mais je me soigne» (Richard, 1978), «Le Gendarme et les extraterrestres» (Girault, 1978), «La Zizanie» (Zidi, 1978), «Cause toujours tu m'intéresses» (Molinaro, 1978), «Je te tiens, tu me tiens par la barbichette» (Yanne, 1978), «Les sept jours de janvier» (Bardem, 1978), «Confidences pour confidences» (Thomas, 1978), «Rien ne va plus» (Ribes, 1979), «Celles qu'on n'a pas eues» (Thomas, 1980), «Mille milliards de dollars» (Verneuil, 1981), «Tête à claques» (Perrin, 1981), «Le Cadeau» (Lang, 1981), «Le Père Noël est une ordure» (Poiré, 1982), «Le Gendarme et les gendarmettes» (Girault, 1982), «L'Africain» (de Broca, 1982), «Papy fait de la résistance» (Poiré, 1983), «Le Sang des autres» (Chabrol, 1983), «Liberté, égalité, choucroute» (Yanne, 1984), «Sauve toi, Lola» (Drach, 1986), «Twist again à Moscou» (Poiré, 1986), «La Vie dissolue de Gérard Floque» (Lautner, 1986), «L'Invité surprise» (Lautner, 1988), «Mes meilleurs copains» (Poiré, 1989), «Opération corned-beef» (Poiré, 1991), «Triplex» (Lautner, 1991), «Le Fils du Mékong» (Leterrier, 1991),

«Les Amies de ma femme» (Van Cauwelaert, 1992), «Mon homme» (Blier, 1995), «Les Visiteurs 2» (Poiré, 1997), «Les Acteurs» (Blier, 1999), «Le Roi danse» (Corbiau, 2000), «Fifi Martingale» (Rozier, 2001), «Eros Therapy» (Dubroux, 2004).

VLADIMIR GARINE
26 janvier 1987-24 juin 2003
Il commença très jeune dans le métier de comédien en doublant dans sa langue, le russe, des dessins animés de Walt Disney. Il s'est malheureusement noyé accidentellement quelques mois avant la présentation du «Retour» (Iviaguintsev, 2003) le seul film qu'il tourna, au festival de Venise où il devait obtenir le Lion d'Or.

GÉBÉ
9 juillet 1929-4 avril 2004
Scénariste de BD et de télévision (les séries »Palace» et «Merci Bernard»), il écrivit aussi un court («On ne se dit pas tout entre époux», 1971) et un long métrage («L'An 01», 1973) pour Jacques Doillon. Acteur épisodique, il réalisa également un court métrage «Histoires abominables : la mémoire» (1975) sous son vrai nom, Georges Blondeau.

ALTHEA GIBSON
25 août 1927-28 septembre 2003
Première championne de tennis noire américaine, elle milita contre le racisme et pour l'intégration. En 1958, elle arrêta la compétition. L'année suivante John Ford lui offrait un rôle dans «Les Cavaliers». Elle fit ensuite quelques apparitions à la télévision et Robert Altman la fit jouer dans «The Player» (1992).

JOSÉ GIOVANNI
22 juin 1923-24 avril 2004
Corse avant tout et passionné de montagne, il débarque dans le monde du cinéma après un parcours opaque et sinueux dans le monde du grand banditisme, pendant la guerre. À l'arrivée, une condamnation qui le conduit dans le quartier des condamnés à mort. Un premier livre témoignage, «Le Trou», sur ses conditions de détention, est un succès et lui met le pied à l'étrier. Il l'adapte brillamment en 1960 pour Jacques Becker. Un dernier livre de souvenirs en 1999, «Il avait dans le cœur des jardins introuvables», sur la volonté infaillible de son père qui finira par obtenir sa grâce et sa réhabilitation, l'entraîne une dernière fois sur les voies de l'adaptation («Mon père» en 2001) et boucle la ronde tumultueuse de ses obsessions. Entre-temps, il aura écrit de nombreux romans plutôt policiers, des scénarios sur mesure pour des metteurs en scène comme Jacques Deray («Symphonie pour un massacre», 1963), Robert Enrico («Les Grandes Gueules», 1965), ou Jean-Pierre Melville («Le Deuxième souffle», 1965) et réalisé plusieurs films (et téléfilms) dont certains, comme «Dernier domicile connu» (1970), «Deux hommes dans la ville» (1973) et «Mon ami le traître» (1988), proposent des réflexions très intéressantes sur le métier de policier, la peine de mort et la collaboration. Sa filmographie est à son image : solide, honnête, efficace, avec un penchant certain pour le polar, ses amitiés viriles et ses trahisons. Tous les grands, ses amis Lino Ventura, Jean-Paul Belmondo et Alain Delon en tête, passeront avec plaisir devant sa caméra. Lui-même était apparu dans le film «La Repentie» de Laetitia Masson (2002) en père d'Isabelle Adjani.
Autres scénarios : «Du rififi chez les femmes» (Joffé, 1959), «La Fille dans la vitrine» (Emmer, 1960), «Le Trou» (Jacques Becker, 1960), «Classe tous risques» (Sautet, 1960) «Un nommé La Rocca» (Jean Becker, 1961), «Rififi à Tokyo» (Deray, 1963), «Avec la peau des autres» (Deray, 1966), «L'Homme de Marrakech (Deray, 1966), «Les Aventuriers» (Enrico, 1967), «Ho !» (Enrico, 1968), «Le Clan des Siciliens» (Verneuil, 1969).
Autres films comme réalisateur : «La Loi du survivant» (1967), «Le Rapace» (1968), «Un aller simple» (1971), «Où est passé Tom ?» (1971), «La Scoumoune» (1972), «Le Gitan» (1975), «Comme un boomerang» (1976), «Les Égouts du paradis» (1979), «Une robe noire pour un tueur» (1981), «Le Ruffian» (1983), «Les Loups entre eux» (1985).

FRANÇOIS GIR
13 mars 1920-12 décembre 2003
Fils de l'actrice Jeanne Fusier-Gir et du peintre sculpteur Charles Gir, il débuta comme assistant de Sacha Guitry successivement sur «Toâ» (1949), «La Poison» (1951) et «Si Versailles m'était conté» (1954). Il travailla aussi avec Marcel Pagnol («Topaze», 1951) et Jean-Pierre Melville («Bob le flambeur», 1955). En 1959, il passe à la réalisation en s'inspirant d'une chanson de Mouloudji : «Mon pote le gitan». Les années 60 le voient entrer à la télévision. Il ne la quittera plus et réalisera près d'une cinquantaine de dramatiques et quelques documentaires.

RUBEN GONZALES
26 mai 1919-8 décembre 2003
Grand musicien et chanteur cubain, il fut immortalisé en 1998 dans le film de Wim Wenders «Buena Vista Social Club». Après la disparition de Compay Segundo et de Celia Cruz en juillet, l'année 2003 est une année de deuil pour la musique cubaine.

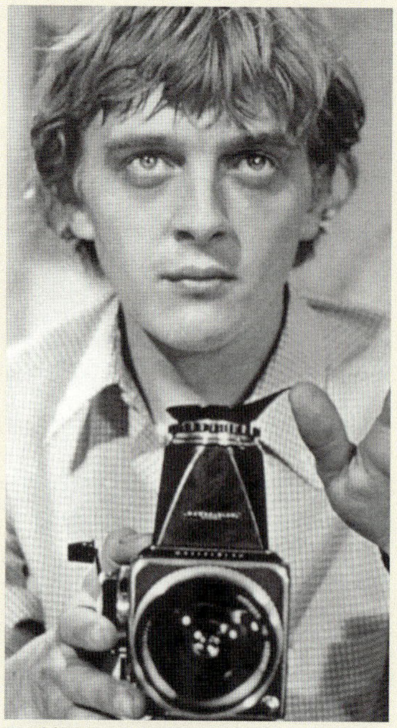
David Hemmings

HARRY GOZ
16 février 1932-5 septembre 2003
Acteur américain dont l'essentiel de la carrière s'effectua à la télévision. Au cinéma, on a pu le voir principalement dans «Marathon Man» (Schlesinger, 1976) et «Maman très chère» (Perry, 1981).
Autres films : «Looking up» (Yellen, 1977), «Rappin'» (Silberg, 1985), «Dead Aim» (Vanderkloot, 1987).

PHILIPPE GRUMBACH
25 juin 1924-13 octobre 2003
Journaliste dans de nombreux organes de presse *(l'Express, Le Figaro)*, il a créé l'hebdomadaire *Pariscope*. Son énergie débordante l'a conduit vers le cinéma. Il écrivit le scénario du «Bal du comte d'Orgel» (Allégret, 1970) et monta une maison de production et de distribution, Horizons Productions, qui sortit quelques films dont «Les Fantômes du chapelier» (Chabrol, 1982).

NICOLAS GUILLEN LANDRIAN
1938-22 juillet 2003
Neveu du poète homonyme de la négritude, ce réalisateur cubain réalisa une vingtaine de courts métrages pour la plupart documentaires dont certains comme «Coffea Arabiga» (1968) furent interdits par le gouvernement castriste – son montage parodique et l'utilisation d'une chanson des Beatles étaient politiquement incorrects. Arrêté pour usage de stupéfiants, Nicolas est interné pendant plusieurs années et perd son poste de professeur à l'Institut cubain de l'art et de l'industrie cinématographique (ICAIC). En 1988, il participe à une exposition d'artistes dissidents. L'année suivante, il s'exile en Floride.
Principaux films : «En un barrio viejo» (1963), «Ociel del Toa» (1965), «Los del baile» (1965), «Reportaje» (1966), «Desde La Habana» (1969), «Recordar» (1969), «Nosotros en el Cuyaguateje» (1972).

DAVID HEMMINGS
18 novembre 1941-2 décembre 2003
Un seul rôle lui a suffi pour atteindre la notoriété internationale : celui du photographe de «Blow up» (Antonioni, 1966), film magistral, succès mondial. Son allure d'éternel adolescent séduit tout le monde. Les propositions pleuvent. Pourtant, ni Vadim (»Barbarella», 1967), ni Richardson («La Charge de la brigade légère», 1967) ne sauront offrir à ce jeune acteur britannique qui a déjà une longue carrière derrière lui, des personnages aussi forts. Il décide alors de passer à la réalisation.
Son premier long métrage en 1972 («Running Scared») est un échec commercial. Il en fera cinq autres sans grand succès. La télévision lui permet de réaliser des téléfilms et plusieurs épisodes de séries aussi connues que «L'Agence tous risques», «Magnum» et «Code Quantum». Il n'abandonne pas pour autant sa carrière d'acteur qui mêle le très bon comme «Les Frissons de l'angoisse» (Argento, 1974) ou «Les Liens du sang» (Chabrol, 1977) et le médiocre comme «Love Machine» (Haley Jr, 1971) ou «Terreur sur le Britannic» (Lester, 1974). Après «Gladiator» (R. Scott, 1999), plusieurs réalisateurs se sont de nouveau intéressés à lui.
Principaux films comme acteur : «Sainte Jeanne» (Preminger, 1957), «Les Mystères des 13» (Lee Thompson, 1966), «Camelot» (Logan, 1967), «Un jour parmi tant d'autres» (Collinson, 1967), «Alfred le grand vainqueur» (Dearden, 1967), «Le Club des libertins» (Saville, 1969), «Le Tunnel de la peur» (Sarafian, 1970), «Qui veut la fin» (Till, 1970), «Mort d'un prof» (McKenzie, 1971), «L'Île des adieux» (Shaffner, 1976), «Le Piège infernal» (Apted, 1976), «Le Prince et le Pauvre» (Fleischer, 1977), «Le Jeu de la puissance» (Burke, 1977), «Gigolo» (Hemmings, 1978), «Meurtre par décret» (Clark, 1978), «Un homme, une femme, un enfant» (Richards, 1983), «Carton rouge» (Skolnick, 2001), «Spy Game» (T. Scott, 2001), «Gangs of New York» (Scorsese, 2002), «La Ligue des gentlemen extraordinaires» (Norrington, 2002).

Principaux films comme réalisateur : «The Wild Little Bunch/The 14» (1973), «Schöner Gigolo, armer Gigolo (Gigolo)» (1978), «Race to the Yankee Zephyr» (1980), «Le Survivant d'un monde parallèle/The Survivor» (1981), «Dark Horse» (1992).

GUY HENNEBELLE

9 juillet 1941-3 juillet 2003

Journaliste de cinéma et éditeur, il commence sa carrière à la revue Téléciné au début des années 60, puis écrit successivement pour El Moudjahid en Algérie et Jeune Afrique, Cinéma et Écran de retour en France. En 1972, il contracte la poliomyélite qui le laisse paralysé des deux jambes. Son engagement politique fort génère parfois quelques contradictions salutaires. Il réfute toutes les formes dominantes, aliénantes par définition. Son ouvrage «Quinze ans de cinéma mondial» fait le point sur le cinéma militant et appelle à la création d'une production anti-impérialiste. Remarquable connaisseur du cinéma du Tiers-Monde, il dénonce la mystification de la Nouvelle Vague et fonde, avec son épouse Monique, la remarquable revue thématique *Cinémaction* (plus de cent numéros à ce jour) qui traite du cinéma dans tous ses états. Il a aussi créé la revue *Panoramiques* qui traite de grandes questions de société et d'actualité. Enfin, il était directeur de la collection *7e Art* aux éditions du Cerf.

GREGORY HINES

14 février 1946-9 août 2003

Une salle surchauffée du Harlem des années 20, entre bandes rivales, prohibition, solos échevelés de pianos, règlements de comptes, un danseur de claquettes noir fait taire tous les bruits, toutes les rancœurs. Les pieds ailés virevoltent, tour à tour effleurant et martelant le plancher dans un numéro éblouissant. Gregory Hines qui a débuté sur les planches dès l'âge de trois ans, trouve dans cette séquence du célèbre «Cotton Club» (F. F. Coppola, 1984) une consécration. Le film est encensé, lui aussi. Deux ans après, il tourne «Soleil de nuit» avec le danseur russe Mikhaïl Baryschnikov, sous la direction de Taylor Hackford. Les deux hommes se retrouvent dans la passion de leur art. Derrière le danseur génial pointait le comédien de talent. Policier dans «Deux flics à Chicago» (Hyams, 1986) ou escroc dans «Rage in Harlem» (Duke, 1991), Hynes imposait toujours son élégance et son humour. Mais la scène restait son jardin. Il obtint en 1992 un Tony Awards pour son rôle dans la comédie musicale «Last Jelly's Jam». Enfin, il a animé

Gregory Hines

pendant plusieurs années une émission sur CBS, «The Gregory Hines Show».

Autres principaux films : «Wolfen» (Wadleigh, 1979), «La Folle Histoire du monde» (Brooks, 1981), «Le Coup du siècle» (Friedkin, 1983), «Saigon, l'enfer de deux flics» (Crowe, 1987), «Tap Dance» (Castle, 1988), «Opération Shakespeare» (P. Marshall, 1993), «Où sont les hommes ?» (Whitaker, 1995), «La Femme du pasteur» (P. Marshall, 1996), «Ce que je sais d'elle... d'un simple regard» (Garcia, 1999), «The Root» (M. Penn, 2003).

TICKY HOLGADO

24 juin 1944-22 janvier 2004

La musique a toujours été sa passion puisqu'il travailla pour Les chats sauvages, Claude François, Johnny Halliday, les Martin Circus et qu'il poussa lui-même la chansonnette avec le groupe d'Oc d'Ail. C'est pourtant le cinéma qui lui apporta reconnaissance et succès. Son physique et son accent du midi, son bagout, sa fougue et sa générosité l'abonnent à de multiples seconds rôles comiques dans des pochades souvent sans intérêt. Il fait pourtant partie de l'aventure des «Ripoux» (Zidi, 1984), apparaît dans «Manon des sources» (Berri, 1986), «Le Mari de la coiffeuse» (Leconte, 1990), «Délicatessen» (Jeunet et Caro, 1991). Son interprétation de «Crayon», le clochard pittoresque d'«Une époque formidable» (Jugnot, 1991), lui vaut une nomination au César du meilleur second rôle masculin... et d'innombrables propositions. Il est à nouveau cité aux Césars pour son rôle dans «Gazon maudit» (Balasko, 1995). Claude Lelouch, avec lequel il était en train de tourner «Les Parisiennes», le considérait comme un acteur de complément précieux. À l'arrivée, plus de

Ticky Holgado

soixante rôles au cinéma sans compter le théâtre et la télévision.

Autres principaux films : «Putain d'histoire d'amour» (Béhat, 1981), «Belles, blondes et bronzées» (Pécas, 1981), «Les Surdoués de la première compagnie» (Gérard, 1981), «Circulez, y a rien à voir» (Leconte, 1983), «Les Branchés à Saint-Tropez» (Pécas), «Le Fou du roi» (Chiffre, 1984), «Mesrine» (Genovès, 1984), «Les Rois du gag» (Zidi, 1985), «Nuit d'ivresse» (Nauer, 1986), «Sans peur et sans reproche» (Jugnot, 1988), «Le Château de ma mère» (Robert, 1990), «Uranus» (Berri, 1990), «Le Souper» (Molinaro, 1992), «588, rue Paradis» (Verneuil, 1992), «Tango» (Leconte, 1993), «La Cité des enfants perdus» (Jeunet et Caro, 1995), «Les Misérables» (Lelouch, 1995), «Funny bones, les drôles de blackpool» (Chelsom, 1995), «Le Plus Beau Métier du monde» (Lauzier, 1996), «Hommes, femmes : mode d'emploi» (Lelouch, 1996), «Que la lumière soit !» (Joffé, 1998), «Le Schpountz» (Oury, 1998), «Meilleur espoir féminin» (Jugnot, 2000), «Les Acteurs» (Blier, 2000), «Le Fabuleux destin d'Amélie Poulain» (Jeunet, 2001), «Monsieur Batignole» (Jugnot, 2001), «3 zéros» (Onteniente, 2001), «And now... ladies and gentlemen» (Lelouch, 2002), «Tais-toi !» (Veber, 2003), «Les Clés de bagnole» (Baffie, 2003), «Un long dimanche de fiançailles» (Jeunet, 2004), «Les Gaous» (Sékulic, 2004).

BOB HOPE

29 mai 1903-28 juillet 2003

Avec ses yeux ronds, son air ahuri et son nez pointu, ses mimiques hilarantes et ses grimaces outrancières, ce comique américain, né Leslie Townes Hope en Angleterre, d'une famille modeste qui débarque aux États-Unis en 1907, illustration parfaite du »self-made-man», devient le plus grand amuseur du pays, véritable institution outre-atlantique dès les années 30. Danseur, acrobate, chanteur, il écrit des sketches, raconte à merveille des histoires drôles. Il se produit sur les scènes des music-halls, à la télévision et, bien sûr, commence une carrière triomphale au cinéma. Dans les années 40, la Paramount lui propose une série de films «En route vers...», aventures extravagantes d'un naïf plutôt pleutre. Il a comme partenaires réguliers Bing Crosby et Dorothy Lamour. Sept épisodes seront tournés entre 1940 et 1962. Son comique entre burlesque classique et non-sens délirant, pimenté de délicieux anachronismes dans ses films à costumes, s'exporte mal. Et si le public français apprécie sa gouaille et sa faconde, il continue de préférer Fernandel à qui, d'ailleurs, Hope donnera la réplique dans «À Paris tous les deux» (Oswald, 1958). Bob Hope va utiliser sa colossale fortune et son immense popularité dans les familles américaines pour promouvoir des actions humanitaires envers les soldats américains engagés dans les différents conflits de la planète et apporter sa contribution à l'essor de l'industrie cinématographique. Pour tout cela, il fut un homme très décoré, oscarisé plusieurs fois et dont les shows télévisés furent très suivis jusque dans les années 90. Intime avec nombre de présidents des États-Unis, il forma avec la chanteuse Dolorès Meade, un couple «exemplaire» qui adopta quatre enfants.

Autres principaux films : «The Big Broadcast of 1938» (1938, Leisen), «College Swing» (1938, Walsh), «La Source aux loufoques» (1939, Nugent), «Le Mystère de la maison Norman» (1939, Nugent), «En route vers Singapour» (1940, Schertzinger), «Le Mystère du château maudit» (1940, Marshall), «L'Engagé involontaire» (1941, Butler), «En route vers Zanzibar» (1941, Schertzinger), «En route pour le Maroc» (1942, Butler), «La Blonde de mes rêves» (1942, Lanfield), «Au pays du rythme» (1942, Marshall), «La Princesse et le pirate» (1944, Butler), «En route vers l'Alaska» (1945, Walker), «Le Joyeux Barbier» (1946, Marshall), «La Brune de mes rêves» (1947, Nugent), «Hollywood en folie» (1947, Marshall), «À vos ordres ma Générale» (1947, Lanfield), «En route vers Rio (1947, McLeod), «Visage Pâle» (1948, McLeod), «Un crack qui craque» (1949, Lanfield), «Le Don Juan de l'Atlantique» (1949, Hall), «Propre à rien» (1950, Marshall), «Espionne de mon cœur» (1951, McLeod), «Le Môme Boule de ponts et chaussées, diplômé de l'Institut d'ethnologie, maître de recherches au CNRS, explorateur et attaché au Musée de l'Homme, secrétaire général du comité du film ethnographique, directeur scientifique de l'IFAN de Niamey... Les titres, Jean Rouch ne s'en souciait pas. Il n'avait de regard que pour l'Afrique, un continent qui le passionnait, sur lequel il se sentait bien. Avec le cinéma, il va pouvoir partager son amour, ses découvertes, ses réflexions. Niger, Soudan, Sénégal, Ghana. Rouch voyage, étudie, rencontre, discute, observe et... la caméra n'est jamais loin. Ses premiers films en 16 mm sont de véritables documents ethnographiques. En 1948, «Initiation à la danse des possédés» obtient le Grand Prix du Festival des films maudits de Biarritz et, en 1950, «La Circoncision», le Prix du reportage au Festival du Court métrage de Paris. Il invente avec Edgar Morin la formule «cinéma-vérité» pour définir ses films, plus ou moins improvisés, tournés avec une caméra portable et en son synchrone. Disciple de Friedrich Murnau et Robert Flaherty dont le film «Tabou» était pour lui une référence, il entreprend peu à peu de mêler fiction et documentaire dans ses premiers longs métrages («Moi un Noir», 1958 et «La Pyramide humaine», 1959) qui deviennent des essais poétiques passionnants le plaçant à l'avant-garde de la Nouvelle Vague naissante. Il infléchit d'ailleurs son discours : «Le cinéma lui-même peut s'appeler "cinéma-vérité", d'autant plus qu'il aura détruit tout modèle du vrai pour devenir créateur, producteur de vérité : ce ne sera pas un cinéma de la vérité, mais la vérité du cinéma.» «La Chasse au lion à l'arc» lui apporte la consécration et le Lion d'Or à Venise en 1965. Mais déjà, loin des honneurs, Jean Rouch est reparti dans son Afrique d'adoption où un stupide accident de voiture a eu raison de sa passion.

Principaux autres films : «Les Maîtres-fous» (CM, 1954), «Chronique d'un été» (1960), «La Punition» (1962), «Les Veuves de quinze ans» (sketch «Les Adolescentes», coréalisateurs Brault, Teshigahara et Black, 1964), «Paris vu par...» (sketch «Gare du nord», coréalisateurs Pollet, Douchet, Godard, Rohmer, Chabrol), «Mamy Water» (CM, 1966), «Batteries Dogon ou tambours de pierre» (CM, 1966), «Jaguar» (1967), «Cocorico Monsieur Poulet» (1974).

JACQUES ROUXEL

1931-25 avril 2004

«Et les Shadoks pompaient, pompaient...» La voix chantante et un brin

John Schlesinger

aigrelette de Claude Pieplu habillait génialement la série des «Shadoks» créée dans l'effervescence de 1968 par Jacques Rouxel, alors au service de recherche de l'ORTF. Dessins très dépouillés, scénario non-sensique, musique extraterrestre. Les Shadoks et leurs ennemis, les Gibis, font leur entrée dans le monde cathodique le 29 avril 1968 sous forme d'un petit spot de deux minutes juste avant le Journal de 20 heures La «Shadokmania» gagne la France. «Les Shadoks sont éternels», disait encore Pieplu. Leur père non.

YING RUOCHENG

1929-27 décembre 2003

Ce comédien chinois, emprisonné pendant la Révolution culturelle, avait été remarqué par Bernardo Bertolucci qui le fit jouer dans «Le Dernier Empereur» (1987) et «Little Buddha» (1993). Au début des années 80, il avait été nommé vice-ministre de la Culture.

YVONNE SANSON

1926-23 juillet 2003

Brune éclatante, elle devint une véritable star en Italie, à la fin de la guerre, en jouant dans de nombreux mélodrames flamboyants (ou pas) souvent signés Matarazzo. Elle y formait avec Amadeo Nazzari un couple bouleversant. Sa notoriété dépasse les frontières mais c'est dans son pays qu'elle trouvera les plus beaux rôles, même si elle n'est plus en haut de l'affiche.

Principaux films : «La Grande Aurore» (Scotese, 1946), «L'Aigle noir» (Freda, 1946), «Le Chevalier mystérieux» (Freda, 1948), «Bannie du foyer» (Matarazzo, 1950), «Le Fils de personne» (Matarazzo, 1951), «Nous sommes tous des assassins» (Cayatte, 1952), «Le Manteau» (Lattuada, 1952), «Wanda la pécheresse» (Coletti, 1952), «Néron, tyran de Rome» (Zeglio, 1953), «Quand tu liras cette lettre» (Melville, 1953), «Les trois mousquetaires» (Hunebelle, 1953), «Pain, amour et jalousie» (Comencini, 1954), «Par-dessus les moulins» (Camerini, 1955), «La Femme aux deux visages» (Matarazzo, 1955), «Barrage contre le Pacifique» (Clément, 1957), «Les Brigands» (Bonnard, 1961), «Le Jour le plus court» (Corbucci, 1962), «Le Dernier Jour de la colère» (Valerii, 1967), «Le Conformiste» (Bertolucci, 1970).

JOHN SCHLESINGER

16 février 1926-24 juillet 2003

Ses premiers pas dans le monde du spectacle, il les fait sur les planches à l'université d'Oxford. Le début des années 50 le voit apparaître dans quelques films comme «Single Handed» (1951) et «Ce sacré confrère» (1957) de Roy Boulting, «Oh Rosalinda» (1955) et «La Bataille du Rio de la Plata» (1956) du duo Powell-Pressburgerou encore «Les sept tonnerres» (Fregonese, 1958). En 1957, il entre à la BBC et devient réalisateur de shows, de séries et de documentaires. Engagé auprès de Tony Richardson et Lindsay Anderson dans le grand mouvement du «Free Cinema», il réalise un court métrage, «Terminus», tourné dans la gare de Waterloo et qui obtient le Grand Prix au Festival de

Jacques Seiler

Venise en 1961. Deux longs métrages ancrés dans la réalité sociale de la Grande-Bretagne («Un amour pas comme les autres», 1962, et «Billy le menteur», 1963) l'installent comme un des leaders de ce mouvement de contestation cinématographique. Avec «Darling», en 1965, il révèle Julie Christie qui gagne l'Oscar, et s'ouvre les portes d'Hollywood. Son premier film américain, «Macadam Cowboy» (1969), chronique désenchantée et tragique de deux paumés dans New York, est un succès mondial qui obtiendra trois Oscars en 1970. De sujets audacieux, «Un dimanche comme les autres» (1971) sur une relation triangulaire entre une femme et deux hommes, en thriller traumatisant («Marathon Man», 1976), Schlesinger s'impose comme un des cinéastes importants des années 70. Malgré des budgets de plus en plus conséquents, il ne retrouvera plus, dans les années 80, l'inspiration de ses débuts.

Autres films : «Loin de la foule déchaînée» (1967), «Visions Of Eight» (1973, Séquence : «The Longest»), «Le Jour du fléau» (1974), «Yanks» (1979), «Honky Tonk Freeway» (1981), «Le Jeu du faucon» (1985), «Envoûtés» (1987), «Madame Sousatzka» (1988), «Fenêtre sur Pacifique» (1990), «A Question Of Attribution» (1992), «The Innocent» (1993), «Cold Comfort Farm» (1995), «Au-delà des lois» (1996), «Un couple presque parfait» (2000).

COMPAY SEGUNDO

18 novembre 1907-14 juillet 2003

Né Maximo Francisco Repilado Muñoz, ce grand musicien et chanteur cubain, véritable star du film de Wim Wenders, «Buena Vista Social Club»(1998), avait commencé sa carrière dans les années 40 avec Lorenzo Hierrezuelo. Il formait le duo «Los Compadres» (Les Compères). Leurs surnoms Compay Primero

Ludmila Tcherina

Ingrid Thulin

(compère premier) et Compay Segundo (compère second) ne les quitteront plus.

JACQUES SEILER

16 mars 1928-1er avril 2004

Une carrière bien remplie pour ce comédien à la figure allongée, aux paupières lourdes et au crâne rasé qui prêtait souvent à rire et que le grand public avait découvert dans le célèbre feuilleton télévisé «Vidocq» (1967-1973). Le cinéma n'a d'ailleurs souvent retenu que cette facette du personnage, l'employant essentiellement dans nombre de comédies plus ou moins réussies comme toute la série des «Bidasses» et des «Charlots» signées Claude Zidi. Le théâtre, en revanche, lui permit d'exprimer tout son talent – au TNP, d'abord, puis avec sa propre compagnie. Il fut alors le «porte-voix» de Dubillard, Queneau et Pinget.

Principaux films : «À pied, à cheval et en spoutnik» (Dréville, 1958), «La Tête contre les murs» (Franju, 1959), «Les Trois Mousquetaires» (Borderie, 1961), «Le Miracle des loups» (Hunebelle, 1961), «Les Mystères de Paris» (Hunebelle, 1962), «Mathias Sandorf» (Lampin, 1962), «Le Chevalier de Pardaillan» (Borderie, 1962), «Le Vice et la Vertu» (Vadim, 1963), «Dragées au poivre» (Baratier, 1963), «Qui êtes-vous, Polly Maggoo ?» (Klein, 1966), «Erotissimo» (Pirès, 1968), «Merci la vie» (Blier, 1991), «J'aimerais pas crever un dimanche» (Le Pêcheur, 1998), «Requiem» (Renoh, 2001).

ROGERIO SGANZERLA

1946-9 janvier 2004

Cinéaste «underground», il a multiplié les expérimentations cinéma. Avant de se lancer dans la réalisation, il écrira beaucoup de critiques. En 1968, il met en scène son premier long métrage, «Le Bandit à la lanterne rouge», mélange subtil et parodique qu'il prolonge avec «La Femme de tout le monde» (1969), caricature plaisante de l'univers des médias. Dans les années 70, il fonde sa maison de production et essaie de trouver des financements pour continuer à produire des films difficiles. Peine (pratiquement) perdue.

Autres films : «Tout n'est pas vrai» (1986), «Tout est Brésil» (1998), «Signo do Caos» (2002).

SERGE SILBERMAN

1er mai 1917-22 juillet 2003

Un très grand producteur, courageux, perspicace, n'hésitant pas à prendre des risques avec des cinéastes grandioses mais pas forcément «rentables». De «Bob le flambeur» (Melville, 1955) à «Max, mon amour» (Oshima, 1986) en passant par «Le Trou» (Jacques Becker, 1959), les derniers Buñuel, «Diva» (Beineix, 1981) et le coûteux «Ran» (Kurosawa, 1985), il a écrit une page de l'histoire mondiale du cinéma.

Principaux films : «Le Journal d'une femme de chambre» (Buñuel, 1964), «Galia» (Lautner, 1965), «Adieu l'ami» (Herman, 1968), «Le Passager de la pluie» (Clément, 1969), «La Voie lactée» (Buñuel, 1969), «La Course du lièvre à travers les champs» (Clément, 1972), «Le Charme discret de la bourgeoisie» (Buñuel, 1972), «Le Fantôme de la liberté» (Buñuel, 1974), «Les Mal partis» (Jasprisot, 1976), «Cet obscur objet du désir» (Buñuel, 1977), «A. K.» (Marker, 1985), «Les Paradoxes de Bunuel» (Amar, 1997).

ELLIOT SMITH

1969-21 octobre 2003

«Miss Misery», paroles déchirantes, mélodie désespérée, voix mélancolique, cette chanson transperce le film de Gus van Sant, «Good Will Hunting» (1997), et fait connaître son auteur, Elliot Smith de son vrai nom Steven Paul Smith. On l'entendra ensuite dans «La Méthode zéro» (J. Kasdan, 1998), «Au nom d'Ana» (Norton, 2000), «Antitrust» (Howitt, 2000), «La Famille Tenenbaum» (Anderson, 2001).

WILLIAM STEIG

14 novembre 1907-3 octobre 2003

Immense dessinateur de presse et illustrateur de livres, cet Américain croquait la vie et les gens à belles dents, avec un humour grinçant et poétique. C'est lui qui, à plus de quatre-vingt-dix ans, créa le personnage de Shrek avec le succès que l'on sait. Certains de ses albums avaient déjà été transfomés en dessins animés avec sa collaboration – comme «Doctor De Soto» (1984), «Abel's Island» (1988) ou «Pete's a Pizza» (2001).

PIERRE TABARD

19 septembre 1927-19 septembre 2003

Acteur exigeant, metteur en scène habile, artisan précieux du théâtre contemporain, il avait une voix grave qu'on n'oubliait pas. Au cinéma, il ne fit que trop peu d'apparitions. Dommage.

Principaux films : «Trapèze» (Reed, 1956), «Les Misérables» (Le Chanois, 1957), «Austerlitz» (Gance, 1960), «Il n'y pas de fumées sans feu» (Cayatte, 1973), «La Main à couper» (Périer, 1974), «Verdict» (Cayatte, 1974), «Le Brasier» (Barbier, 1991).

LUDMILA TCHERINA

10 octobre 1924-21 mars 2004

De son vrai nom Monika Tchemerzine, cette belle danseuse d'origine russe commença sa carrière dès l'âge de quinze ans. Après la guerre, elle rejoint différentes compagnies et se produit sur les plus grandes scènes du monde. Sa beauté, sa grâce attirent les cinéastes. On la voit d'abord dans »Un revenant» (Christian-Jaque, 1946), et dans «Les Chaussons rouges» (Powell et Pressburger, 1948), et puis, régulièrement, dansant ou non, elle se construira une jolie petite carrière cinématographique. C'est même elle qui mettra en scène les chorégraphies des «Amants de Teruel» (Rouleau, 1961). Dans les années 60, elle se consacrera de plus en plus à la peinture, la sculpture et l'écriture.

Principaux films : «Fandango» (Reinert, 1948) «La nuit s'achève» (Méré, 1949), «La Belle que voilà» (Le Chanois, 1950), «Les Contes d'Hoffmann» (Powell et Pressburger, 1951), «Clara de Montargis» (Decoin, 1951), «Spartacus» (Freda, 1952), Mata-Hari (Gallone et Meruis, 1954), «Une ravissante idiote» (Molinaro, 1964).

INGRID THULIN

27 janvier 1929-7 janvier 2004

Cette grande comédienne suédoise fut une des interprètes fétiches d'Ingmar Bergman avec qui elle a fait neuf films. Sa beauté gracieuse et inquiète, son sourire séduisant, sa retenue discrète, sa violence existentielle et ses brusques accès de joie enfantine attirent tous les grands cinéastes. Minnelli («Les Quatre Cavaliers de l'Apocalypse», 1961), Resnais («La guerre est finie», 1966), Visconti («Les Damnés», 1969), Ferreri («La Maison du sourire», 1991) lui offrent des rôles à la mesure de son immense talent. En 1978, elle coréalise avec Erland Josephson (un autre acteur fétiche de Bergman) et Sven Nykvist (le chef opérateur attitré du maître suédois) un film très bergmanien : «Un et un».

Autres principaux films : «D'où vient le vent» (Ohberg, 1948), «Les Fraises sauvages» (Bergman, 1957), «Au seuil de la vie» (Bergman, 1958), «Le Visage» (Bergman, 1958), «Le Juge» (Sjöberg, 1960), «Agostino» (Bolognini, 1962), «Les Communiants» (Bergman, 1962), «Le Silence» (Bergman, 1963), «Jeux de nuit» (Zetterling, 1966), «L'Heure du loup» (Bergman, 1967), «Adélaïde» (Simon, 1968), «Le Rite» (Bergman, 1969), «La Sainte Famille» (Koralnik, 1972), «Cris et chuchotements» (Bergman, 1972), «La Chasse du diable» (Koralnik, 1974), «La Cage» (P. Granier-Deferre, 1975), «Salon Kitty» (Brass, 1975), «Le Pont de Cassandra» (Pan Cosmatos, 1976), «Après la répétition» (Bergman, 1984).

MARIE TRINTIGNANT

21 janvier 1962-1er août 2003

«Un énorme gâchis», «une terrible injustice»... La mort de Marie Trintignant à la suite d'une dispute avec son compagnon Bertrand Cantat dans un hôtel de Vilnius a fait la Une des journaux et magazines de l'été 2003. Fille de Jean-Louis et Nadine Trintignant, née dans le sérail entre théâtre et cinéma,

Marie Trintignant

elle commence toute petite sous la direction de sa mère dans «Mon amour, mon amour» (1967). Celle-ci l'emploiera d'ailleurs dans un grand nombre de ses films par la suite. Alain Corneau (son beau-père) lui offre le rôle d'une jeune fille, lolita muette et sensuelle qui éclaire la vie tragique de Patrick Dewaere dans «Série Noire» (1978). Sa carrière est lancée. Elle partage son temps entre théâtre et cinéma, n'oubliant jamais les combats féministes. Actrice subtile et inattendue, à la voix si mystérieuse et attachante, envoûtante dans les rôles de névrosée évanescente, de garce flamboyante, de paumée déjantée, rôles qu'elle habillait toujours d'une poésie étrange, elle avait démontré au gré de quelques films qu'elle pouvait aussi faire rire.

Autres principaux films : «Ça n'arrive qu'aux autres» (N. Trintignant, 1971), «Défense de savoir» (N. Trintignant, 1973), «Premier voyage» (N. Trintignant, 1979), «La Terrasse» (Scola, 1979), «L'Été prochain» (N. Trintignant, 1984), «La Maison de Jeanne» (Clément, 1987), «Noyade interdite» (P. Granier-Deferre, 1987), «Une affaire de femmes» (Chabrol, 1988), «Alberto express» (A. Joffé, 1989), «Nuit d'été en ville» (Deville, 1990), «Betty» (Chabrol, 1991), «Cible émouvante» (Salvadori, 1992), «L'Instinct de l'ange» (Dembo, 1992), «Les Marmottes» (Chouraqui, 1993), «Fugueuses» (N. Trintignant, 1995), «Les Apprentis» (Salvadori, 1995), «Des nouvelles du Bon Dieu» (Le Pêcheur, 1996), «Ponette» (Doillon, 1996), «Le Cri de la soie» (Marciano, 1996), «Les Démons de Jésus» (Bonvoisin, 1996), «Portraits chinois» (Dugowson, 1997), «Le Cousin» (Corneau, 1997), «...Comme elle respire» (Salvadori, 1998), «Promenons-nous dans les bois» (Delplanque, 2000), «Le Prince du Pacifique» (Corneau, 2000), «Harrison's Flowers» (Chouraqui, 2001), «Total Kheops» (Bévérini, 2002), «Les Marins perdus» (Devers, 2003), «Ce qu'ils imaginent» (Theron, 2003), «Janis et John» (Benchetrit, 2003).

PETER USTINOV

16 avril 1921-29 mars 2004

Enfant prodige, acteur, dramaturge, romancier, metteur en scène tant au théâtre qu'au cinéma, imitateur extraordinaire, ambassadeur itinérant de l'Unicef... Ce touche-à-tout génial avait l'exubérance de ses origines russes et l'humour si typique de son pays d'adoption, la Grande-Bretagne. Il commence sa carrière au théâtre pendant la guerre, rejoint l'armée en 1942 et collabore aux films sur la guerre réalisés par Carol Reed. Il tente ensuite de mener de front toutes ses activités. Il réalise plusieurs films sans grand succès mais sa carrière de comédien s'enfle de quelques rôles pittoresques et remarquables comme le Néron efféminé et décadent de «Quo vadis» (Le Roy, 1951), le Monsieur Loyal de «Lola Montes» (Ophuls, 1956) ou le marchand d'esclaves de »Spartacus» (Kubrick, 1960) qui lui vaudra l'Oscar du meilleur second rôle masculin. Son rôle de petit aventurier froussard et refoulé dans «Topkapi» (Dassin, 1964) lui en rapportera un second. En 1978, il devient Hercule Poirot dans «Mort sur le Nil» (Guillermin) et remporte un énorme succès. Il récidive avec «Meurtre au soleil» (Hamilton, 1982). La fin de sa carrière le verra beaucoup sur les planches et à la télévision. En 1990, il sera anobli par la reine.

Principaux films comme acteur : «Un de nos avions n'est pas rentré» (Powell, 1942), «L'Héroïque Parade» (Reed, 1944), «La Boîte magique» (Boulting, 1951), «Beau Brummel» (Bernhardt, 1954), «L'Égyptien» (Curtiz, 1954), «La Cuisine des anges» (Curtiz, 1955), «Les Espions» (Clouzot, 1957), «Horizons sans frontières» (Zinnemann, 1960), «L'Encombrant M. John» (Thomson, 1964), «Le Fantôme de Barbe noire» (Stevenson, 1967), «Les Comédiens» (Glenville, 1967), «L'Âge de cristal» (Anderson, 1976), «Un taxi mauve» (Boisset, 1977), «Mon beau légionnaire» (Feldman, 1977), «Enquête à l'italienne» (Steno, 1977), «Le Voleur de Bagdad» (Donner, 1978), «Ashanti» (Fleischer, 1978), «Rendez-vous avec la mort» (Winner, 1987), «La Révolution française, les années lumière» (Enrico, 1989), «La Révolution française, les années terribles» (Heffron, 1989), «Au bonheur des chiens» (Tessari, 1990), «Le Célibataire» (Sinyor, 1999), «Luther» (Till, 2003).

Films comme réalisateur : «School For Secrets» (1940), «Vice Versa» (1947), «Private Angelo» (coréalisé avec Anderson, 1949), «Romanoff et Juliette» (1961), «Billy Budd» (1962), «Lady L.» (1965), «Hammersmith is out» (1972), «Memed My Hawk» (1984).

JOE VITERELLI

10 mars 1937-28 juin 2004

Avec son visage rond et dissymétrique à la peau grêlée, sa voix caverneuse et son embonpoint, les réalisateurs l'ont cantonné dans les rôles de gangster d'origine italienne, volubile pour rappeler quelque recette culinaires de sa péninsule natale, mais implacable en affaires. Plus vrai que nature, il est impayable dans «Mafia Blues» (Ramis, 1999), «Mickey les yeux bleus» (Makin, 1999), et «Mafia Blues 2» (Ramis, 2002).

Principaux autres films : «Coups de feu sur Broadway» (Allen, 1994), «Crossing Guard» (S. Penn, 1995), «L'effaceur» (Russell, 1996), «Jane Austen's Mafia !» (Abrahams, 1998).

PAUL WINFIELD

22 mai 1941-7 mars 2004

«Les rôles pour acteurs noirs, obèses, diabétiques et... homosexuels ne sont pas nombreux à Hollywood», faisait cyniquement remarquer ce comédien impressionnant, aux fulgurances géniales. Fermier en butte au racisme et à la pauvreté dans «Sounder» (Ritt, 1972), dresseur tentant de transformer un chien dans «Dressé pour tuer» (Fuller, 1981), producteur gay dans «Mike's Murder» (Bridges, 1984), juge truculent dans «Présumé innocent» (Pakula, 1990) ou général impayable dans «Mars Attaks» (Burton, 1996), ces quelques rôles ont permis de reconnaître son extraordinaire talent.

Pour le reste, il fut trop souvent cantonné dans des personnages d'inspecteurs de police ou de proxénètes. Dommage, l'autorité et la sensibilité qu'il dégageait auraient mérité mieux.

Peter Ustinov

Principaux autres films : «R.P.M.» (S. Kramer, 1970), «Gordon's War» (O. Davis, 1973), «Huckelberry Finn» (Lee Thompson, 1974), «Conrack» (Ritt, 1974), «La Cité des dangers» (Aldrich, 1975), «L'Ultimatum des trois mercenaires» (Aldrich, 1977), «The Greatest» (Gries et Hellman, 1977), «Star Trek 2, la colère de Khan» (Meyer, 1982), «Terminator» (Cameron, 1984), «L'Emprise des ténèbres» (Craven, 1987), «Cliffhanger, traque au sommet» (Harlin, 1993).

OLGA WORMSER

5 juillet 1912-3 août 2003

Énergique, inlassable, alors que la guerre n'est pas encore terminée, elle collecte les témoignages des déportés qui n'ont même pas encore regagné leur pays. Cette grande historienne de la déportation était un des piliers du comité d'histoire de la deuxième guerre mondiale qui commandita le film d'Alain Resnais «Nuit et brouillard» (1954).

CHARLOTTE ZWERIN

15 août 1931-22 janvier 2004

D'abord engagée comme documentaliste à la CBS, section des actualités, cette cinéaste documentariste américaine, adepte du «cinéma vérité», travaille ensuite avec les frères David et Albert Maysles, comme monteuse puis comme coréalisatrice en particulier sur le célèbre «Gimme Shelter» (1970) relatant la tournée des Rolling Stones, en 1969. Elle réalise plusieurs remarquables portraits d'artistes et surtout un extraordinaire document sur le jazz : «Thelonious Monk : Straight, No Chaser» (1989).

Autres principaux films : «Salesman» (1969), «Running Fence» (1978), «Islands» (1987), «Horowitz Plays Mozart» (1987), «Music for the Movies : Toru Takemitsu» (1994), «Ella Fitzgerald : Something to Live For» (1999).

Tous les génériques

JUILLET 2003

ABÎMES
(BELOW)
Américain (1 h 44). Réal. : David N. Twohy. Scén. : Lucas Sussman, Darren Aronofsky, David N. Twohy. Image : Ian Wilson. Décors : Charles Lee. Cost. : Elizabeth Waller. Mont. : Martin Hunter. Mus. : Graeme Revell. Avec Matt Davis, Bruce Greenwood, Olivia Williams, Holt McCallany, Scott Foley, Zach Galifianakis. Prod. : Protozoa Pictures. Dist. : TFM Distribution. (30 juillet 2003).

À LA GAUCHE DU PÈRE
(LAVOURA ARCAICA)
Brésilien (2 h 51). Réal., Scén. : Luiz Fernando Carvalho, d'après le roman de Raduan Nassar. Image : Walter Carvalho. Décors : Yurika Yamakasi. Cost. : Beth Filipecki. Mont. : Luiz Fernando Carvalho. Mus. : Marco Antonio Guimaraes. Avec Selton Mello, Raul Cortez, Juliana Carneiro de Cunha, Simone Spoladore, Leonardo Medeiros. Prod. : Video-Filmes. Dist. : ID Distribution. (9 juillet 2003).

AMERICAN PARTY
(VAN WILDER : PARTY LIAISON)
Américain (1 h 32). Réal. : Walt Becker. Scén. : Brent Goldberg, David Wagner. Image : James Bagdonas. Décors : Rachel Kamerman. Cost. : Alexis Scott. Mont. : Dennis M. Hill. Mus. : Christopher Violette. Avec Ryan Reynolds, Tara Reid, Tim Matheson, Teck Holmes, Kal Penn, Daniel Cosgrove, Emily Rutherford, Paul Gleason. Prod. : Tapestry Films. Dist. : Metropolitan Filmexport. (9 juillet 2003).

APRÈS LA PLUIE LE BEAU TEMPS
Français (1 h 40). Réal. : Nathalie Schmidt. Scén. : Nathalie Schmidt, Thierry Derocles. Image : Christophe Paturange. Son : Jean-François Mabire. Décors : Max Berto. Cost. : Agnès Falque. Mont. : Nathalie Langlade. Mus. : Krischna Levy, Franck Gervais, Nathalie Schmidt. Avec Julie Gayet, Marc Barbé, Clovis Cornillac, Tom Novembre, Philippe Bizari, Valeria Cavalli, Salvatore Ingoglia. Prod., Dist. : Gemini Films. (9 juillet 2003).

BANGKOK DANGEROUS
Thaïlandais (1 h 48). Réal., Scén., Mont. : Danny et Oxide Pang. Image : Decha Srimantra. Son, Mus. : Orange Music. Décors : Wut Chaosilp. Cost. : Ekasith Meeprasertsakul. Avec Pawalit Mongkolpisit, Premsinee Ratanasopha, Patharawarin Timkul, Pisek Intrakanchit. Prod. : Nonzee Nimibutr. Dist. : EuropaCorp Distribution. (16 juillet 2003).

BEDWIN HACKER
Tunisien (1 h 43). Réal., Scén. : Nadia El Fani. Image : Tarek Ben Abdallah. Décors : Moshen Raïss, Hatem Miladi. Mont. : Claude Reznick. Mus. : Milton Edouard. Avec Sonia Hamza, Muriel Solvay, Tomer Sisley, Nadia Saïj, Xavier Desplas. Prod. : Z'Yeux Noirs Movies, Établissements de la Radio Télévision Tunisienne, ANPA, 2M-Soread, Sedat Canal + Horizons. Dist. : Orisha Distribution. (16 juillet 2003).

BLUE CRUSH
Américain (1 h 46). Réal. : John Stockwell. Scén. : Lizzy Weiss, John Stockwell, d'après l'article «Surf Girls of Maui» de Susan Orlean. Image : David Hennings. Son : Mark Ulano. Décors : Tom Meyer. Cost. : Susan Matheson. Mont. : Emma E. Hickox. Mus. : Paul Haslinger. Avec Kate Bosworth, Michelle Rodriguez, Sanoe Lake, Matthew Davis, Faizon Love. Prod. : Universal Pictures, Imagine Entertainment. Dist. : UIP. (23 juillet 2003).

CE DONT RÊVENT LES FILLES
(WHAT A GIRL WANTS)
Américain (1 h 44). Réal. : Dennie Gordon. Scén. : Jenny Bicks, Elizabeth Chandler. Image : Andrew Dunn. Décors : Michael Carlin. Cost. : Shay Cunliffe. Mont. : Charles McClelland. Mus. : Rupert Gregson-Williams. Avec Amanda Bynes, Colin Firth, Kelly Preston, Soleil McGhee, Eileen Atkins, Jonathan Pryce, Peter Reeves. Prod. : Di Novi Pictures, Gerber Pictures. Dist. : Warner Bros. (23 juillet 2003).

CHARLIE'S ANGELS – LES ANGES SE DÉCHAÎNENT
(CHARLIE'S ANGELS : FULL THROTTLE)
Américain (1 h 45). Réal. : McG. Scén. : John August, Cormac Wibberley, Marianne Wibberley. Image : Russel Carpenter. Décors : J. Michael Riva. Cost. : Joseph G. Aulisi. Mont. : Wayne Wahrman. Mus. : Edward Shearmur. Avec Cameron Diaz, Drew Barrymore, Lucy Liu, Bernie Mac, Crispin Glover, Justin Theroux, Robert Patrick. Prod. : Flower Films, Mandy Films pour Columbia Pictures. Dist. : Columbia TriStar Films. (16 juillet 2003).

CODY BANKS : AGENT SECRET
(AGENT CODY BANKS)
Américain (1 h 42). Réal. : Harald Zwart. Scén. : Ashley Edward Miller, Zack Stentz, Scott Alexander, Larry Karaszewski. Image : Denis Crossan. Son : Larry Sutton. Décors : Rusty Smith. Cost. : Suzanne McCabe. Mont. : Jim Miller. Mus. : John Powell. Avec Frankie Muniz, Hillary Duff, Andrew Farcis, Angie Harmon, Keith David. Prod. : Splendid Pictures, Maverick Films. Dist. : UFD. (30 juillet 2003).

LE COÛT DE LA VIE
Français (1 h 50). Réal. : Philippe Le Guay. Scén. : Philippe Le Guay, Jean-François Goyet. Image : Laurent Machuel. Son : Laurent Poirier. Décors : Jimmy Vansteenkiste. Cost. : Anne Schotte. Mont. : Martine Giordano. Mus. : Philippe Rombi. Avec Vincent Lindon, Fabrice Luchini, Lorant Deutsch, Géraldine Pailhas, Isild Le Besco, Claude Rich, Camille Japy. Prod. : Les Films des Tournelles, Pathé Renn Production, M6 Films, Gimages Prod. Dist. : Pathé Distribution. (30 juillet 2003).

DÉTOUR MORTEL
(WRONG TURN)
Américain (1 h 30). Réal. : Rob Schmidt. Scén. : Alan McElry. Image : John S. Bartley. Décors : Alicia Keywan. Mont. : Michael Ross. Mus. : Elia Cmiral. Avec Elisa Dushku, Jeremy Sisto, Desmond Harrington, Emmanuelle Chriqui, Kes, Lindy Booth, Julian Richings. Prod. : Summit Entertainment. Dist. : CTV International. (30 juillet 2003).

19
Japonais (1 h 22). Réal., Scén. : Kazushi Watanabe. Image : Mazakazu Oka. Son : Kouya Sato. Décors : Masahide Kawanara. Mont. : Yoshio Sugano, Kazushi Watanabe. Avec Daijiro Kawaoka, Kazushi Watanabe, Takeo Noro, Ryo Shinmyo, Masahi Endo. Prod. : GAGA Communications Inc. Dist. : Bodega Films. (16 juillet 2003).

EQUILIBRIUM
Américain (1 h 47). Réal., Scén. : Kurt Wimmer. Image : Dion Beebe. Décors : Wolf Kroeger. Cost. : Joseph Porro. Mont. : Tom Rolf, William Yeh. Mus. : Klaus Badelt. Avec Christian Bale, Emily Watson, Sean Bean, Taye Diggs, Angus McFadyen, Dominic Purcell, Christian Kahrmann. Prod. : Blue Tulip Inc. Dist. : TFM Distribution. (9 juillet 2003).

EXTRAÑO
Argentin (1 h 27). Réal., Scén. : Santiago Loza. Image : Willi Behnisch. Son : Perfecto de San José. Décors : Alejandra Taubin. Avec Julio Chavez, Valeria Bertucelli, Raquel Albeniz, Chunchuna Vilafañe. Prod. : Aeternam Films, Viada Producciones. Dist. : Ad Vitam. (23 juillet 2003).

LES GUERRIERS DE LA BEAUTÉ
Franco-belge (1 h 10). Réal., Scén. : Pierre Coulibeuf, d'après uune création chorégraphique de Jan Fabre. Image : Yves Cape. Son : Bart Vandebril. Mont. : Jean-Daniel Fernandez Quindez. Avec Els Deceukelier, William Forsythe, Annabelle Chambon, Cédric Charron, Sébastien Cneude. Prod. : Regards Production. Dist. : POM Films. (16 juillet 2003).

8 JOURS ET 8 NUITS À CANCUN
(THE REAL CANCUN)
Américain (1 h 32). Réal. : Rick de Oliveira. Scén. : Eric Monsky, Danielle Ghilardi. Image : Jorge Alve, Michaël Applebaum, Brian Miller, Jeff Taylor, Mande Whitaker, Michaël Yelseth. Mont. : Ben Salter, James Gavin Bedford, Joe Shugart, Eric Spagnoletti, Dave Stanke, Daniel Zimmerman. Prod. : Filmengine. Dist. : Metropolitan Filmexport. (30 juillet 2003).

HULK
(THE HULK)
Américain (2 h 20). Réal. : Ang Lee. Scén. : John Turman, Michael France, James Schamus. Image : Frederick Elmes. Décors : Rick Heinrichs. Cost. : Marit Allen. Mont. : Tim Squyres. Mus. : Danny Elfman. Avec Eric Bana, Sam Elliot, Nick Nolte, Jennifer Connelly, Josh Lucas, Paul Kersey, Cara Buono. Prod. : Valhalla Motion Pictures, Good Machins. Dist. : UIP. (2 juillet 2003).

IKU (ORGASME)
(I.K.U.)
Japonais (1 h 20). Réal. : Shu Lea Cheang. Scén. : Shu Lea Cheang, Takashi Asai. Image : Tetsuya Kamoto. Cost. : Kei Ito. Mont. : Kazuhiro Shirao. Mus. : The Saboten. Avec Ayumu Tokito, Marla Yumeno, Yumeka Sasaki, Miho Ariga, Myu Asou. Prod. : Takashi Asai. Dist. : K Films. (23 juillet 2003).

INFLUENCES
(PEOPLE I KNOW)
Américain (1 h 40). Réal. : Daniel Algrant. Scén. : Jon Robin Baitz. Image : Peter Deming. Son : Michael Barosky. Décors : Michael Shaw. Mont. : Suzy Elminger. Mus. : Terence Blanchard. Avec Al Pacino, Kim Basinger, Ryan O'Neal, Tea Leoni, Richard Schiff, Bill Nunn. Prod. : Myriad Pictures. Dist. CTV International. (23 juillet 2003).

INNOCENCE
Australien (1 h 34). Réal., Scén. : Paul Cox. Image : Tony Clark. Mont. : Simon Whitington. Mus. : Paul Grabowsky. Avec Julia Blake, Charles Tingwell, Terry Norris, Robert Menzies, Marta Dusseldorp, Kristine Van Pellicom. Prod. : Ciné Té, Film Victoria, Het Fonds in Vladderen, Illumination Films, International Film Festival Ghent, Showtime Australia, South Australian Film Corporation. Dist. : Bodega Films. (30 juillet 2003).

IT'S ALL ABOUT LOVE
Dano-américain (1 h 44). Réal. : Thomas Vinterberg. Scén. : Thomas Vinterberg, Mogens Rukov. Image : Anthony Dod Mantle. Décors : Ben Van Os. Mus. : Zbiniew Preisner. Avec Claire Danes, Joaquim Phoenix, Margo Martindale, Sean Penn, Alun Armstrong. Prod. : Nimbus Films. Dist. : Pathé Distribution. (2 juillet 2003).

JOHNNY ENGLISH
Britannique (1 h 30). Réal. : Peter Howitt. Scén. : Neal Purvis, Robert Wade, William Davies. Image : Remi Adefarasin. Son : Peter Lindsay. Décors : Chris Seagers. Cost. : Jill Taylor. Mont. : Martin Walsh. Mus. : Edward Shearmur. Avec Rowan Atkinson, Natalie Imbruglia, Ben Miller, John Malkovich, Greg Wise, Douglas McFerran. Prod. : Working Title. Dist. : Mars Distribution. (23 juillet 2003).

KANGOUROU JACK
(KANGAROO JACK)
Américain (1 h 29). Réal. : Dave McNally. Scén. : Steve Bing, Scott Rosenberg. Image : Peter Menzies Jr. Son : Gary Wilkins. Décors : George Liddle. Cost. : Daniel Orlandi, George Liddle. Mont. : John Murray, William Goldenberg, Jim May. Mus. : Trevor Rabin. Avec Jerry O'Connell, Anthony Anderson, Estella Warren, Christopher Walken, Marton Csokas. Prod. : Castle Rock Entertainment. Dist. : Warner Bros. (16 juillet 2003).

LE LAC ET LA RIVIÈRE/L'ARPENTEUR
Français (56 min et 45 min). Réal. : Sarah Petit (et Michel Klein pour «L'Arpenteur»). Image : Laurent Desmet. Mont. : Catherine Krassovsky (1), Philippe Grivel (2). Avec Thomas Cerisola, Mona Heftre, Lei Dinety (1) ; Hovnatan Avédikian, Pierre-François Laks (2). Prod. : Elena Films (1) ; Sésame Films et Don Films (2). Dist. : Shellac. (16 juillet 2003).

LES LARMES DU SOLEIL
(TEARS OF THE SUN)
Américain (2 h 02). Réal. : Antoine Fuqua. Scén. : Alex Lasker, Patrick Cirillo. Image : Mauro Fiore. Décors : Naomi Shohan. Cost. : Marlene Stewart. Mont. : Conrad Buff. Mus. : Hans Zimmer. Avec Bruce Willis, Monica Bellucci, Cole Hauser, Tom Skerritt, Eamonn Walker, Nick Chinlund, Fionnula Flanagan. Prod. : Cheyenne Enterprises. Dist. : Columbia TriStar Films. (23 juillet 2003).

LIVRAISON À DOMICILE
Français (1 h 38). Réal. : Bruno Delahaye. Scén. : Bruno Delahaye, Pierre Courrège, Margot Volnay. Image : Philippe Guibert. Décors : Fabrice Faber. Cost. : Nathalie Lecoultre. Mont. : Diane Legan. Mus. : Deep Forest. Avec Bruno Solo, Barbara Schulz, Thierry Frémont, Jean-Baptiste Iera, Alexandra Lamy, Agnès Soral, Jean-François Galotte.

Guy Dagul. Avec Clive Owen, Helen Mirren, David Kelly, Natsha Little, Warren Clarke, Danny Dyer, Adam Fogerty, Paterson Joseph, Peter Guinness. Prod. : Boneyard Entertainment, Overseas Filmgroup. Dist. : Sagittaire Films. (11 février 2004).

JEEPERS CREEPERS 2 – LE CHANT DU DIABLE
(JEEPERS CREEPERS 2)
Américain (1 h 46). Réal., Scén. : Victor Salva. Image : Don E. FauntLeRoy. Son : Paul B. Clay. Décors : Peter Jamison. Cost. : Jana Stern. Mont. : Ed Marx. Mus. : Bennett Salvay. Avec Ray Wise, Jonathan Breck, Eric Nenninger, Garikayi Mutambirwa, Nicki Lynn Aycox, Billy Aaron Brown, Marieh Delfino. Prod. : American Zoetrope, James Pictures, Myriad Pictures. Dist. : UFD. (4 février 2004).

KHAMOSH PANI
Pakistano-allemand (1 h 39). Réal. : Sabiha Sumar. Scén. : Sabiha Sumar, Paromita Vohra. Image : Ralph Netzer. Son : Uve Haussig, Matthias Lempert. Décors : Olivier Meidinger. Cost. : Heike Schultz-Fademrecht. Mont. : Bettina Böhler. Mus. : Madan Gopal Singh, Ershad Mahmud. Avec Kiron Kher, Aamir Ali Malik, Arshad Mahmud, Salman Shahid, Shilpa Shulka, Sarfaraz Ansari, Shazim Ashraf, Navtej Johar. Prod. : Vidhi Films Unlimited, Flying Moon Filmproduktion, Arte, ZDF, Das Kleine Fernsehspiel. Dist. : Les Films du Losange. (25 février 2004).

LUNA ROSSA
Italien (1 h 56). Réal., Scén. : Antonio Capuano. Image : Tommaso Borgstrom. Son : Mario Laquone. Cost. : Metella Raboni. Mont. : Giorgio Francini, Luciana Pandolfelli. Mus. : Paolo Polcari, Luca Gatti. Avec Licia Maglietta, Carlo Cecchi, Tony Servillo, Antonio Luorio, Domenico Balsamo, Angela Pagano, Italo Celoro. Prod. : Poetiche Cinematografiche, Boomerang Productions. Dist. : Boomerang Productions. (25 février 2004).

LES MAINS VIDES
Franco-espagnol (2 h 10). Réal. : Marc Recha. Scén. : Marc Recha, Mireia Vidal, Nadine Lamari. Image : Hélène Louvart. Son : Jean-Luc Audy, Ricard Casals Alexandri. Décors : Patrick Dechesne, Alain-Pascal Housiaux. Cost. : Monic Parelle. Mont. : Ernest Blasi. Mus. : Dominique A., Les Négresses Vertes, Mike Young. Avec Olivier Gourmet, Jérémie Lippman, Eduardo Noriega, Mireille Perrier, Pierre Berriau, Dominique Marcas, Jeanne Favre, Antoine Pereniguez, Sébastien Viala. Prod. : JBA Productions. Dist. : Haut et Court. (11 février 2004).

LE MANOIR HANTÉ ET LES 999 FANTÔMES
(THE HAUNTED MANSION)
Américain (1 h 28). Réal. : Rob Minkoff. Scén. : David Berenbaum, d'après l'attraction des parcs Walt Disney, «La Maison hantée». Image : Remi Adefarasin. Son : Robert L. Sephton. Décors : John Myhre. Cost. : Mona May. Mont. : Priscilla Nedd-Friendly. Mus. : Mark Mancina. Avec Eddie Murphy, Terence Stamp, Nathaniel Parker, Marsha Thomasson, Jennifer Tilly, Wallace Shawn, Dina Spybey, Marc John Jefferies, Aree Davis. Prod. : Gunn Films, Doom Buggy Productions pour Walt Disney Pictures. Dist. : GBVI. (18 février 2004).

LA MORT SUSPENDUE
Américain (1 h 46). Réal., Scén. : Kevin MacDonald, d'après le livre de Joe Simpson. Image : Mike Eley. Son : Joakim Sundström. Décors, Cost. : Patrick Bill. Mont. : Justine Wright. Mus. : Alex Heffes. Avec Brendan Mackey, Nicholas Aaron, Joe Simpson, Simon Yates. Prod. : Harlow Smithson Productions. Dist. : Diaphana Distribution. (11 février 2004).

ONLY THE STRONG SURVIVE
Américain (1 h 35). Réal. : Chris Hegedus, Donn Alan Pennebaker. Image : Jim Desmond, Nick Doob, Chris Hegedus, Erez Laufer, Jehane Noujaim, D. A. Pennebaker. Son : Chris Hegedus, John Paul, Kit Pennebaker. Mont. : Roger Friedman, Chris Hegedus, Erez Laufer et D. A. Pennebaker. Avec William Bell, Jerry Butler, The Chi-Lites, Isaac Hayes, Sam Moore, Ann Peebles, Carla Thomas, Rufus Thomas, Wilson Pickett. Prod. : Pennebaker & Hegedus Films. Dist. : TFM Distribution. (4 février 2004).

LES 11 COMMANDEMENTS
Français (1 h 25). Réal. : François Desagnat, Thomas Sorriaux. Scén. : Michaël Youn, Hichem Bonnefoi, Benjamin Morgaine, Laurent Zeitoun, Romain Levy. Image : David Quesemand. Son : Jean-Paul Guirado. Décors : Olivier Seiler. Cost. : Natacha Gauthier. Mont. : Marco Cave. Avec Michaël Youn, Vincent Desagnat, Benjamin Morgaine, William Geslin, Hichem Bonnefoi, Jurij Prette, Dieudonné, Gad Elmaleh, Djibril Cissé, Amélie Mauresmo. Prod. : Pathé Renn Production, SAJ, M6 Films. Dist. : Pathé Distribution. (4 février 2004).

OPEN RANGE
Américain (2 h 20). Réal. : Kevin Costner. Scén. : Craig Storper, d'après le roman de Lauran Paine, «The Open Range Men». Image : James Muro. Son : Glen Gauthier. Décors : Gae Buckley, Gary Myers. Cost. : John Bloomfield, Diane Routly. Mont. : Michael J. Duthie, Miklos Wright. Mus. : Michael Kamen. Avec Robert Duvall, Kevin Costner, Annette Bening, Michael Gambon, Michael Jeter, Diego Luna, James Russo, Abraham Benrubi, Dean McDermott, Kim Coates. Prod. : TIG pour Touchstone Pictures, Cobalt Media Group. Dist. : Pathé Distribution. (25 février 2004).

PAYCHECK
Américain (1 h 58). Réal. : John Woo. Scén. : Dean Georgaris, d'après la nouvelle de Philip K. Dick. Image : Jeffrey L. Kimball. Son : Eric Batut. Décors : William Sandell. Cost. : Erica Edell Phillips. Mont. : Kevin Stitt, Christopher Rouse. Mus. : John Powell. Avec Ben Affleck, Uma Thurman, Aaron Eckhart, Paul Giamatti, Colm Feore, Joe Morton, Michael C. Hall, Peter Friedman, Kathryn Morris, Ivana Milicevic, Christopher Kennedy. Prod. : Dreamworks Pictures, Lion Rock. Dist. : UIP. (25 février 2004).

PETER PAN
Américain (1 h 53). Réal. : P. J. Hogan. Scén. : P. J. Hogan, Michael Goldenberg, d'après l'œuvre de J.M. Barrie. Image : Donald McAlpine. Son : Ben Osmo. Décors : Roger Ford. Cost. : Janet Patterson. Mont. : Garth Craven, Michael Kahn. Mus. : James Newton Howard. Jeremy Sumpter, Jason Isaacs, Rachel Hurd-Wood, Lynn Redgrave, Richard Briers, Olivia Williams, Ludivine Sagnier, Geoffrey Palmer, Harry Newell, Freddie Popplewell. Prod. : Red Wagon Entertainment, Universal Pictures, Columbia Pictures, Revolution Studios, Warner Roadshow Studios, Allied Stars. Dist. : Columbia TriStar Films. (4 février 2004).

LA PLANÈTE BLEUE
(DEEP BLUE)
Britannique (1 h 32). Réal., Scén. : Andy Byatt, Alastair Fothergill. Texte : François Sarano. Image : Doug Allan, Peter Scones, Rick Rosenthal. Son : Andrew Wilson, Lucy Rutherford, Kate Hopkins. Mont. : Martin Elsbury, Amanda Hutchinson. Mus. : George Fenton. Avec la voix de Michael Gambon en anglais et Jacques Perrin en français. (4 février 2004).

PODIUM
Français (1 h 35). Réal. : Yann Moix. Scén. : Olivier Dazat, Arthur-Emmanuel Pierre, Yann Moix, d'après le livre de ce dernier. Image : Benoît Delhomme. Son : Marc-Antoine Beldent. Décors : Arnaud De Moleron. Cost. : Catherine Bouchard. Mont. : Philippe Bourgueil. Mus. : Jean-Claude Petit. Avec Benoît Poelvoorde, Jean-Paul Rouve, Julie Depardieu, Marie Guillard, Anne Marivin, Odile Vuillemin, Nadège Beausson-Diagne, Nicolas Jouxtel. Prod. : Fidélité Productions, K2, TF1 Films Production, M6 Films. Dist. : Mars Distribution. (11 février 2004).

PROGRAMME DE CINQ FILMS COURTS
Français (1 h 35). «Bleus de Chine», 15 mn, «Les Épousailles», 13 mn, «Le Silence, d'abord», 22 mn, de Pierre Filmon. «La vie est à moi», 22 mn, d'Emmanuel et Olivier Broche. «Lune», 23 mn, d'Hubert Gilbert. Prod. : FRP, 1001 Productions, Artefilm, Bandonéon. Dist. : Action Cinéma, Théâtre du Temple. (25 février 2004).

RETOUR À COLD MOUNTAIN
(COLD MOUNTAIN)
Américano-britannico-italo-roumain (2 h 33). Réal., Scén. : Anthony Minghella, d'après le roman de Charles Frazier. Image : John Seale. Son : Ivan Sharrock. Décors : Dante Ferretti. Cost. : Ann Roth, Carlo Puggioli. Mont. : Walter Murch. Mus. : Gabriel Yared. Avec Nicole Kidman, Jude Law, Renee Zellweger, Brendan Gleeson, Eileen Atkins, Philip Seymour Hoffman, Natalie Portman, Giovanni Ribisi, Donald Sutherland, Ray Winstone, Kathy Baker, James Gammon. Prod. : Mirage Enterprises, Bona Fide, Miramax Films. Dist. : TFM Distribution. (18 février 2004).

RETOUR À KOTELNITCH
Français (1 h 45). Réal., Scén. : Emmanuel Carrère. Image : Philippe Lagnier. Son : Ludmilla Rubina, Hervé Guyader, Emmanuel Croset. Mont. : Camille Cotte. Mus. : Nicolas Zourabichvili. Prod. : Roissy Films. Dist. : Diaphana. (25 février 2004).

LES RIVIÈRES POURPRES 2 – LES ANGES DE L'APOCALYPSE
Franco-britannico-italien (1 h 34). Réal. : Olivier Dahan. Scén. : Luc Besson, d'après les personnages créés par Christophe Grangé. Image : Alex Lamarque. Son : Jean-Paul Hurier, Marc Doisne, Laurent Zellig. Décors : Olivier Raoux. Mont. : Richard Marizy. Mus. : Colin Towns, The Stooges, Olivier Dahan, Jean-Paul Hurier. Avec Jean Reno, Benoît Magimel, Christopher Lee, Camille Natta, Augustin Legrand, Serge Riaboukine, André Penvern, Francis Renaud, David Saracino. Prod. : Studio Legende, EuropaCorp, TF1 Films Production, Epica Limited, Filmauro. Dist. : EuropaCorp Distribution. (18 février 2004).

LA ROUTE DE MEMPHIS
(THE ROAD TO MEMPHIS)
Américain (1 h 29). Réal., Image : Richard Pearce. Scén. : Robert Gordon. Mont. : Charlton McMillan. Avec les musiciens B.B. King, Bobby Rush, Rufus Thomas, Calvin Newborn, Ike Turner, Little Milton, Rosco Gordon. Prod. : Reverse Angle International, Vulcan Productions. Dist. : Bac Films pour Wild Side Films. (25 février 2004).

SANG ET OR
(CRIMSON GOLD)
Iranien (1 h 37). Réal., Mont. : Jafar Panahi. Scén. : Abbas Kiarostami. Image : Hossain Jafarian. Son : Dana Farzanehpour, Laurent Bailly. Décors : Iraj Raminfar. Mus. : Peyman Yazdanian. Avec Hussein Emadeddin, Kamyar Sheissi, Azita Rayeji, Shahram Vaziri, Ehsan Amani, Pourang Nakhayi, Kaveh Najmabadi, Saber Safael. Prod. : Jafar Panahi Film Production, Lumen Films, Mikado Films. Dist. : Celluloid Dreams. (25 février 2004).

LE SECRET DES FRÈRES McCANN
Américain (1 h 51). Réal., Scén : Tim McCanlies. Image : Jack Green. Son : John Pritchett, Rick Ash, Adam Jenkins, Drew Webster. Décors : David J. Bomba, John R. Jensen. Mont. : David Moritz. Mus. : Patrick Doyle, The Slovak Radio Symphony Orchestra. Avec Michael Caine, Robert Duvall, Haley Joel Osment, Kyra Sedgwick, Nicky Katt, Josh Lucas, Micahel O'Neill, Deirdre O'Connell, Eric Balfour. Prod. : David Kirshner Production, Metropolitan Filmexport, New Line Cinema. Dist. : Metropolitan Filmexport. (18 février 2004).

SHOPPING DE NUIT
(LATE NIGHT SHOPPING)
Britannique (1 h 27). Réal. : Saul Metzstein. Scén. : Jack Lothian. Image : Brian Tufano. Décors : Mike Gunn. Cost. : Eleanor Baker. Mont. : Justine Wright. Mus. : Alex Heffe. Avec Luke de Woolfson, James Lance, Kate Ashfield, Enzo Cilenti, Heike Makatsch, Shauna MacDonald, Sienna Guillory, Laurie Ventry, Bobby Finn, Claire Harman. Prod. : Film Four, Glasgow Film Office. Dist. : Sagittaire Films. (11 février 2004).

S21, LA MACHINE DE MORT KHMÈRE ROUGE
Franco-cambodgien (1 h 41). Réal., Scén. : Rithy Panh. Image : Prum Mésar, Rithy Panh. Son : Sear Vissal. Mont. : Marie-Christine Rougerie, Isabelle Roudy. Mus. : Marc Marder. Prod. : INA, Arte France. Dist. : Ad Vitam. (11 février 2004).

TORQUE, LA ROUTE S'ENFLAMME
(TORQUE)
Américain (1 h 21). Réal. : Joseph Kahn. Scén. : Matt Johnson. Image : Peter

Levy. Son : David Ronne. Décors : Peter J. Hampton. Cost. : Elisabetta Beraldo. Mont. : Howard E. Smith, David Blackburn. Mus. : Trevor Rabin. Avec Martin Henderson, Ice Cube, Matt Schulze, Monet Mazur, Adam Scott, Jaime Pressly, Jay Hernandez, Will Yun Lee, Max Beesley, Dane Cook. Prod. : Village Roadshow Pictures pour Warner Bros Pictures. Dist. : Warner Bros Pictures. (18 février 2004).

TOUT PEUT ARRIVER
(SOMETHING'S GOTTA GIVE)
Américain (2 h). Réal., Scén. : Nancy Meyers. Image : Michael Ballhaus. Son : Arthur Rochester. Décors : Jon Hutman. Cost. : Suzanne McCabe. Mont. : Joe Hutshing. Mus. : Hans Zimmer. Avec Jack Nicholson, Diane Keaton, Keanu Reeves, Frances McDormand, Amanda Peet, Jon Favreau, Paul Michael Glaser, Rachel Ticotin, Marjie Gum, Kadee Strickland. Prod. : Waverly Films pour Columbia Pictures. Dist. : Warner Bros. (4 février 2004).

VERT PARADIS
Français (1 h 40). Réal. : Emmanuel Bourdieu. Scén. : Emmanuel Bourdieu, Denis Podalydès, Marcia Romano. Image : Yorick Le Saux. Son : François Guillaume, Nicola Naegelen. Décors : Mathieu Menut. Cost. : Charlotte Betaillole. Mont. : Rose-Marie Lausson. Mus. : Grégoire Hetzel. Avec Denis Podalydès, Natacha Régnier, Clovis Cornillac, Emmanuelle Riva, Nicolas Silberg, Scali Delpeyrat, Caroline Proust, Catherine Salviat, Philippe Morier-Genoud, Éric Elmosnino. Prod. : Arcapix, Arte France. Dist. : Haut et Court. (18 février 2004).

LA VIE SANS BRAHIM
Français (1 h 04). Réal. : Laurent Chevallier. Scén. : Laurent Chevallier, Mostafa El Affi. Image : Laurent Chevallier, Jean-Gabriel Leynaud. Son : Érik Menard. Mont. : Matthieu Augustin. Mus. : Amid Djouri. Avec la voix de Laurent Chevallier. Prod. : Tact Production. Dist. : Bodéga Films. (11 février 2004).

VIZONTELE TUUBA
Turc (1 h 40). Réal. : Yilmaz Erdogan. Image : Ömer Faruk Sorak. Mont. : Mustafa Preseva. Mus. : Kardes Türküler Avec Yilmaz Erdogan, Demet Akbag, Tarik Akan, Salih Kalyon, Sebnem Dönmez, Cem Yilmaz, Zeynep Tokus, Cezmi Baskin. Prod. : B & M Films. Dist. : (11 février 2004).

LE VOYAGE DE JAMES À JÉRUSALEM
(MASSAOT JAMES BE'ERETZ HAKODESH)
Israélien (1 h 27). Réal. : Ra'anan Alexandrowicz. Scén. : Ra'anan Alexandrowicz, Sami Duenias. Image : Sharon De-Mayo. Son : David Lis, Ronen Nagel. Décors : Amir Dov Pick. Cost. : Maya Barsky. Mus. : Ehud Banay, Gil Smetana, Noah Halevi. Avec Siyabonga Melongisi Shibe, Arie Elias, Salim Daw, Sandra Schonwald, Hugh Masebenza, Florence Bloch. Prod. : Lama Productions. Dist. : ID Distribution. (11 février 2004).

MARS 2004

AGENTS SECRETS
Français (1 h 40). Réal. : Frédéric Schoendoerffer. Scén. : Yann Brion, Jean Cosmos, Olivier Douyère, Frédéric et Ludovic Schoendoerffer. Image : Jean-Pierre Sauvaire. Son : Jean Goudier, Frédéric Attal. Décors : Baptiste Poirot. Cost. : Virginie Montel. Mont. : Irene Blecua. Mus. : Bruno Coulais. Avec Vincent Cassel, Monica Bellucci, André Dussollier, Bruno Todeschini, Ludovic Schoendoerffer, Érica Savin, Serge Avedikian, Charles Berling, Sergio Peris Mencheta, Gabrielle Lazure. Prod. : La Chauve Souris, Carcharodon, TF1 Films Production, 120 Films, Gimages Films, Alquimia Cinéma, Medusa Films Spa. Dist. : TFM Distribution. (31 mars 2004).

THE AGRONOMIST
Américain (1 h 27). Réal. : Jonathan Demme. Image : Jonathan Demme, Bevin McNamara, Peter Saraf. Son : Serge Tsai, Nicholas Renbeck. Mont. : Lizi Gelber, Bevin McNamara. Mus. : Wyclef Jean, Robert Aaron, Jerry «Wonda» Duplessis, Melky Jean. Avec Jean Dominique. Prod. : Clinica Estetico Ltd., Bac Films. Dist. : Bac Films. (31 mars 2004).

AU BOUT DU MONDE À GAUCHE
Israélo-franco-palestinien (1 h 50). Réal. : Avi Nesher. Scén. : Avi Nesher, Sara Eden, Ruby Porat Shoval, d'après une idée originale de Avi Nesher. Image : David Gurfinkel. Son : Jean-Paul Bernard, Eli Yarkoni. Décors : Yoram Shayer. Cost. : Rona Doron. Mont. : Isaac Sehayek. Mus. : Krishna Levi. Avec Nadav Abukasis, Rotem Abuhav, Aure Atika, Jean Benguigui, Liraz Charhi, Kruttika Desai, Netta Garti, Israël Katorza. Prod. : Davis-Films, Israel Cable Programming, Israel Film Fund, Metro Communications. Dist. : Metropolitan Filmexport. (24 mars 2004).

BIENVENUE DANS LA JUNGLE
(THE RUNDOWN)
Américain (1 h 44). Réal. : Peter Berg. Scén. : R.J. Stewart, James Vanderbilt, d'après une histoire de R.J. Stewart. Image : Tobias Schliesser. Son : Mark Weingarten. Décors : Tom Duffield. Cost. : Louise Mingenbach. Mont. : Richard Pearson. Mus. : Amanda Scheer-Demme, Harry Gregson-Williams. Avec The Rock, Seann William Scott, Rosario Dawson, Christopher Walken, Ewen Bremner, Jon Gries, William Lucking, Ernie Reyes Jr., Stuart Wilson. Prod. : Misher Films, Strike Entertainment. Dist. : Columbia TriStar Films. (24 mars 2004).

BIG FISH
Américain (2 h 05). Réal. : Tim Burton. Scén. : John August, d'après le roman de Daniel Wallace. Image : Philippe Rousselot. Son : Ezra Dweck, Melissa Lytle. Décors : Dennis Gassner, Nancy Haigh. Cost. : Colleen Atwood. Mont. : Chris Lebenzon. Mus. : Danny Elfman, Eddie Vedder. Avec Ewan McGregor, Albert Finney, Billy Crudup, Jessica Lange, Helena Bonham Carter, Steve Buscemi, Danny DeVito, Alison Lohman, Marion Cotillard, Robert Guillaume. Prod. : Jinks/Cohen Company, Zanuck Company pour Columbia Pictures. Dist. : Columbia TriStar Films. (3 mars 2004).

CE QU'ILS IMAGINENT
Français (1 h 30). Réal. : Anne Théron. Scén. : Anne Théron, en collaboration avec Anne-Louise Trividic, Olivier Massart. Image : Antoine Roch. Son : Olivier Grandjean. Décors, Cost. : Barbara Kraft. Mont. : Mathilde Muyard. Mus. : Thierry Fournier, sur des poèmes de John Donne extraits de «Songs and Sonnets». Avec Maria Trintignant, Marc Barbé, Aurélien Wiik, Didier Bezace, Peter Bonke, Aurore Clément, Anne Cantineau, Julie Gayet, Julie Neveu. Prod. : Pickpocket Productions. Dist. : Dominique Welinski pour Pickpocket. (17 mars 2004).

LE CHAT CHAPEAUTÉ
(THE CAT IN THE HAT)
Américain (1 h 23). Réal. : Bo Welch. Scén. : Alec Berg, David Mandel, Jeff Schaffer, d'après le livre du Dr. Seuss, «The Cat in the Hat». Image : Emmanuel Lubezki. Son : Pud Cusack. Décors : Alex McDowell. Cost. : Rita Ryack. Mont. : Don Zimmerman. Mus. : David Newman. Avec Mike Myers, Dakota Fanning, Spencer Breslin, Alec Baldwin, Kelly Preston, Sean Hayes, Danielle Ryan, Taylor Rice, Brittany Oaks. Prod. : Brian Frazer Productions, Dreamworks Pictures, Universal Pictures, Imagine Entertainment. Dist. : UIP. (31 mars 2004).

CHEMINS DE TRAVERSE
Franco-hispano-italien (1 h 41). Réal., Scén. : Manuel Poirier, librement adapté du roman de Ignacio Martinez de Pison. Image : Christophe Beaucarne. Son : Jean-Paul Bernard. Décors : Michelle Moal. Cost. : Catherine Plée. Mont. : Joël Jacovella. Mus. : Bernardo Sandoval. Avec Sergi Lopez, Kevin Miranda, Lucy Harrison, Mélodie Marcq, Jacques Bosc, Alain Bauguil. Prod. : Pan-Européenne, Amanda Films, Cre-Accion Films, Poetiche Cinematografiche, France 3 Cinéma. Dist. : Pan-Européenne. (10 mars 2003).

LES CHORISTES
Franco-suisse (1 h 35). Réal. : Christophe Barratier. Scén. : Christophe Barratier, Philippe Lopes-Curval, d'après le film de Jean Dréville, «La Cage aux rossignols». Image : Carlo Varini. Son : Daniel Sobrino. Décors : François Chauvaud. Cost. : Françoise Guégan. Mont. : Yves Deschamps. Mus. : Bruno Coulais avec les Petits Chanteurs de Saint-Marc. Avec Gérard Jugnot, François Berléand, Kad Merad, Jean-Baptiste Maunier, Maxence Perrin, Jean-Paul Bonnaire, Marie Bunel, Paul Chariéras, Carole Weiss, Jacques Perrin, Didier Flamand. Prod. : Galatée Films, Pathé Renn Productions, France 2 Cinéma, Novo Arturo Films, Vega Film AG. Dist. : Pathé Distribution. (17 mars 2004).

COURTS SUR PATTES
Britannico-norvégien (0 h 45). «Les Escargots» (Sniler), 1999, 6 mn. Réal., Animation : Pjotr Sapegin. Scén. : Torill Kove. «Un jour un homme acheta une maison» (Huset pa campent), 1998, 8 mn. Réal., Scén., Animation : Pjotr Sapegin. «Hamilton Mattress», 2001, 31 mn. Réal., Animation : Barry Purves. Scén. : John Webster, Anna Farthing. Prod. : Studio Magica AS (1 et 2), Harvest Films Limited pour la BBC (3). Dist. : Les Films du Préau. (31 mars 2004).

DEMAIN ON DÉMÉNAGE
Français (1 h 50). Réal. : Chantal Akerman. Scén. : Chantal Akerman, Eric De Kuyper. Image : Sabine Lancelin. Son : Pierre Mertens. Décors : Christian Marti. Cost. : Nathalie De Roscoät. Mont. : Claire Atherton. Mus. : Sonia Wieder. Avec Sylvie Testud, Aurore Clément, Jean-Pierre Marielle, Natacha Régnier, Lucas Belvaux, Dominique Reymond, Elsa Zylberstein, Gilles Privat, Anne Coesens, Christian Hecq. Prod. : Paradise Films, Gemini Films, Arte France Cinéma, RTBF. Dist. : Gemini Films. (3 mars 2004).

LES DISPARUES
Américain (2 h 17). Réal. : Ron Howard. Scén. : Ken Kaufman, d'après le roman de Thomas Edison, «La Dernière Chevauchée». Image : Salvatore Totino. Son : Chris Jenkins, Frank Montano. Mont. : Mike Hill, Dan Hanley. Mus. : James Horner. Avec Tommy Lee Jones, Cate Blanchett, Evan Rachel Wood, Jenna Boyd, Aaron Eckhart, Val Kilmer, Sergio Calderon, Eric Schweig. Prod. : Brian Frazer Production, Revolution Studios, Imagine Entertainment. Dist. : Columbia TriStar Films. (17 mars 2004).

DIX-SEPT ANS
Français (1 h 23). Réal., Scén., Image : Didier Nion. Son : Pascale Mons. Mont. : Catherine Zins. Avec Jean-Benoît Durand, Hélèna Paris. Prod. : Mille et Une Films, Arte France Cinéma, CNC. Dist. : Les Films du Paradoxe. (3 mars 2004).

DU MALI AU MISSISSIPI
(FEEL LIKE GOING HOME)
Américain (1 h 17). Réal. : Martin Scorsese. Scén. : Peter Guralnick. Image : Arthur Jafa. Son : Erik Mischijew. Décors : Liba Daniels. Mont. : David Tedeschi. Avec Corey Harris, Taj Mahal, Otha Turner & The Mississippi-All-Stars, Pat Thomas, Sam Carr, Ali Farka Touré, Dick Waterman, Salif Keita, Habib Koité, Keb Mo, Toumani Diabaté, Mudy Waters, John Lee Hooker, Leadbelly. Prod. : Road Movies Filmproduktionen, Vulcan Productions. Dist. : Bac Films pour Wild Side Films. (24 mars 2004).

ÉCRIVAINS DES FRONTIÈRES, UN VOYAGE EN PALESTINE
Français (1 h 20). Réal., Scén., Image : Samir Abdallah, José Reynès. Mont. : Louis Bastin. Avec Mahmoud Darwish, Russell Banks, Breyten Breytenbach, Vincenzo Consolo, Bei Dao, Juan Goytisolo, Christian Salmon. Prod. : Les Films du Cyclope. Dist. : Les Yeux Ouverts. (10 mars 2004).

L'EFFET PAPILLON
(THE BUTTERFLY EFFECT)
Américain (1 h 53). Réal., Scén. : Eric Bress, J. Mackye Gruber. Image : Matthew F. Leonetti. Son : Daryl Powell. Décors : Douglas Higgins. Cost. : Carla Hetland. Mont. : Peter Amundson. Mus. : Kevin J. Edelman. Avec Ashton Kutcher, Melora Walters, Amy Smart, Elden Henson, William Lee Scott, John Patrick Amedori, Irene Gorovaia. Prod. : Metropolitan Filmexport, Newline, Filmengine, Benderspink. Dist. : Metropolitan Filmexport. (10 mars 2003).

L'EXAMEN
(EMTEHAN)
Iranien (1 h 20). Réal., Scén., Décors, Mont. : Nasser Refaie. Image : Farzad Jodat. Son : Yadollah Najafi, Nasser Shokouhinia. Avec

M

N

O

P

Q

R